Verbum ✳ ENSAYO

EL EVANGELIO SEGÚN JUAN DE MAIRENA

EDUARDO JIMÉNEZ MAYO

El evangelio según
Juan de Mairena

EDITORIAL Verbum

© Eduardo Jiménez Mayo, 2005
© Editorial Verbum, S.L. 2005
Eguilaz, 6-2° Dcha. 28010 Madrid
Apartado Postal 10.084. 28080 Madrid
Teléf.: 91-446 88 41 - Telefax: 91-594 45 59
e-mail: verbum@telefonica.net
I.S.B.N.: 84-7962-319-5
Depósito Legal: SE-711-2005 en España
Diseño de cubierta: Pérez Fabo
Foto de cubierta: "Antonio Machado
en el café de las Salesas", Alfonso
Fotocomposición: Origen Gráfico, S.L.
Printed in Spain /Impreso en España por
PUBLIDISA

A Bruno Estañol, narrador mexicano, discípulo machadiano,
mentor mío.

Mi gratitud a don Sergio Rábade por su asesoramiento a este proyecto,
y a David Chion, amanuense.

ÍNDICE

Prólogo

Machado no era un filósofo ni pretendió serlo. Pero sí fue un escritor que no permaneció ajeno a algunas inquietudes y problemas filosóficos, problemas de mayor o menor vigencia en la España atormentada en que le tocó vivir. Problemas que nos da la impresión que le tocaban muy adentro de su intimidad, pero que sintió la necesidad de darles salida expresiva. Y aunque en sus poesías afloren, y a veces con mucha fuerza, algunos de estos problemas, sin embargo arbitró un recurso seductor para poder darles un canal de comunicación más acorde con la naturaleza de tales problemas. Ese recurso expresivo lo tenemos en la prosa de *Juan de Mairena*. Que Machado tiene una discreta información filosófica se evidencia a través de las páginas de este libro. Incluso acude a la terminología técnica de diversos autores en épocas distintas. Es decir, practica, si bien con moderación, el uso del argot técnico de algunas filosofías: Aristóteles, Platón, S. Anselmo, escolástica, Kant… Hacer poesía con los conceptos de estos autores sería como convertir ásperos pedregales en agradable oasis.

Pero reparemos: El Dr. Jiménez Mayo ha apuntado a un aspecto muy destacado del *Juan de Mairena*, el aspecto religioso. El "evangelio" según Juan de Mairena, como es obvio, no es un evangelio ni canónico ni apócrifo. Es simplemente un manojo de reflexiones y sugerencias personales y, en cierta medida, de estímulos y proclamas con los que Mairena trata de llegar a la atención del lector. No me atrevo a decir de llegar a la conciencia del lector, ya que es posible que Machado no aspirase a tanto.

El libro que tenemos delante intenta, como deja entender el autor en la Introducción, asomarnos al "cristianismo laico" de Machado, que posiblemente no es del todo ajeno al cristianismo de Unamuno. En el libro se da básicamente la palabra a Juan de Mairena (Machado), en cuanto Juan de Mairena, como se recoge en un texto de la página 21, es el "yo filosófico" de Machado, un yo que se ha ido fraguando en largas conversaciones consigo mismo desde la juventud. Un yo que, si se va impregnando de creencias religiosas y del lastre filosófico que ayuda a configurarlas culturalmente, no deja, sin embargo, de ser escéptico, ya que confiesa en texto recogido en la página 49, que a lo más que se puede aspirar en este aspecto es a convertirse, en cuanto filósofo, en un "bufón de la divinidad".

Desde esta perspectiva el libro del Dr. Jiménez puede considerarse una antología de textos religiosos en *Juan de Mairena*. Una antología en la que los textos se ordenan según capítulos que figuran en el índice, con el que cabe estar de acuerdo o en desacuerdo, debido a que no estamos ante una obra de carácter sistemático. Aceptado el esquema que nos propone, el libro es una especie de guía que sirve tanto para enhebrar los textos originales de Machado, como para subrayar el sentido que el autor ve en esos textos y para ayudar así a la comprensión de los mismos. Hay que agradecer el respeto a la textualidad, conservando expresiones que no pueden menos de resultar llamativas. Por ejemplo, cuando en la página 23 se recoge la paradójica expresión de que "en una facultad de Teología bien organizada es imprescindible [...] una cátedra de Blasfemia, desempeñada, si fuera posible, por el mismo Demonio". O Cuando califica al infierno como "la espeluznante mansión del tiempo" (pág. 36). O la inversión del proceso creador para, en vez de sacar el mundo de la nada, sacar la nada del mundo (pág. 44). Cabría ampliar la lista de expresiones sorprendentes que llaman fuertemente la atención.

Es oportuno reclamar esa atención del lector sobre las páginas finales con las conclusiones (pág. 75 ss.), ya que en ellas, de la mano de diversos estudiosos de la obra de Machado, se nos da una visión comprensiva. Pero no nos engañemos: esta visión comprensiva nos ayudará a entender mejor el pensamiento religioso de Machado, sin que, no obstante, quepa esperar una visión única y definitiva: Machado gusta en *Juan de Mairena* de caminar con frecuencia por la senda borrosa de la ambigüedad. No debe extrañarnos, por lo tanto, que se multipliquen las interpretaciones.

SERGIO RÁBADE

El cristianismo de Machado, su aspiración de la fraternidad humana universal le llevaba a una adhesión cordial por el socialismo no marxista, donde se ofrezca igualdad de oportunidades a los trabajadores, abolición de los privilegios de clase, justa distribución de los ingresos; socialismo que es, en definitiva, como veremos, un comunismo cristiano que tiene como aspiración máxima la realización de la justicia, en la lucha contra todo materialismo excesivo.

JOSÉ LUIS ABELLÁN, *El filósofo "Antonio Machado"*

Profeta, ni mártir, quiso Antonio ser. Y un poco de todo lo fue sin querer.

JOAN MANUEL SERRAT, "En Coulliure".
Dedicado a Antonio Machado, poeta.

Los grandes filósofos son los bufones de la divinidad.

ANTONIO MACHADO, *Juan de Mairena*

Juan dijo a Jesús: "Maestro hemos visto a uno que echaba los demonios en tu nombre y no anda con nosotros, y se lo hemos prohibido". Jesús dijo: "No lo prohibáis, porque nadie que haga un milagro en mi nombre puede después hablar mal de mí; y el que no está en contra de nosotros está a nuestro favor".

SAN MARCOS: 9, 38-40.

Prefacio

La relación religión-estado siempre ha tenido un rol tan gravitante como conflictivo a lo largo de la historia española. Aunque hoy se podría hablar de un *estado* español laico, no es posible afirmar que la *cultura* española haya logrado una completa secularización.

En este sentido, no debe sorprender encontrar que su literatura mantenga una fuerte influencia del pensamiento cristiano, implícito o subliminal, en las diferentes áreas; encontrándose en tratados filosóficos, políticos, o de las ciencias sociales, con un marcado sesgo.

Como ejemplo evidente de esta tendencia puedo mencionar el libro *Filosofía mínima*, de José Ramón Ayllón Vega. Éste es un ejemplo actual de apología del cristianismo en la intención de realizar una introducción a la historia de la filosofía: "Los clásicos, desde Platón a Borges, son rendijas por las que vislumbramos la profunda complejidad de lo humano. Muy superior a los clásicos, Cristo en su biografía evangélica viene a ser una ventana abierta de par en par sobre esa complejidad, y su autoridad es radical e inaudita"[1].

No es mi intención plantear una oposición al tratado de los diversos temas en una perspectiva cristiana, sin embargo, en una señal clara de transparencia hacia el lector, es el deber del autor revelar claramente sus propósitos o prejuicios desde el principio de su obra. Aunque con esto no se pretende buscar la pureza de una obra en la imparcialidad u objetividad.

Reconozco con acierto que es la peculiar perspectiva del autor la que enriquece el tratado, lo hace único, invaluable y creativo. Sólo la perspectiva personal es capaz de humanizar los estudios socio-científicos, haciéndolos atractivos y útiles para sus lectores. Adquieren especial valor los hombres y mujeres excéntricos, rebeldes, que conocen e integran y que simultáneamente trascienden la mera regurgitación o el rumiar de los clásicos o de las pautas institucionalizadas de alguna especialidad académica.

---

[1] José Ramón Ayllón Vega, *Filosofía mínima.* (Barcelona: Ariel, 2003), p. 217.

Asimismo, considero fundamental el derecho del lector a un argumento transparente; por ejemplo, una introducción que permita revelar la existencia de prejuicios personales que puedan haber sesgado las conclusiones de las investigaciones. En materia de este trabajo, se prestará especial atención a la distinción entre las opiniones personales sobre el objeto de investigación –el profesor apócrifo Juan de Mairena (Sevilla, 1865; Casariego de Tapia, 1909), creación del poeta Antonio Machado (Sevilla 1875; Collioure, 1939)– y las conclusiones de orden objetivo.

El presente trabajo abordará el cristianismo como elemento en una obra concreta de Antonio Machado, *Juan de Mairena*[2]. A diferencia de las obras seculares mencionadas, Juan de Mairena –en una opinión personal– tiene total licencia para presentar sus argumentos bajo una óptica propia (el cristianismo), considerando que el autor se dirige al lector en un diálogo en sentido personal. Esta obra es una colección de relatos que entremezcla rasgos humoristas con fragmentos de pensamiento filosófico, narrados por un ficticio maestro de retórica.

El cristianismo, dentro de la obra machadiana, se ha caracterizado por ser un elemento no comúnmente analizado. En el caso de *Juan de Mairena*, antidogmático en la presentación del argumento, la inmensa mayoría de los eruditos ha optado por ignorar parcial o completamente el tema del cristianismo; mas en este libro, me propongo evaluar el espiritualismo moral machadiano y probar su sesgo cristiano desde una glosa de *Juan de Mairena*.

El espiritualismo moral –entendido aquí como una revalorización de los valores del hombre en la óptica cristiana– constituye un aspecto fundamental de la vida y obra de Antonio Machado, pocas veces tratado por otros autores. Para fines de este estudio empezaré mi análisis donde los demás suelen terminar, la prosa periodística machadiana atribuida por él al maestro ficticio, Juan de Mairena. Antonio Machado, como todos los críticos concuerdan, es antes que nada un poeta. Por esta razón, será la prosa de Machado –particularmente *Juan de Mairena*– la que permita ver con más claridad y transparencia el pensamiento de Machado, que en su forma de poesía adquiere la ambigüedad propia de la forma literaria.

---

[2] Edición de Pablo del Barco, preparada para la Junta de Andalucía, 1999.

En el presente trabajo, examinaré las referencias a la religión cristiana a lo largo de *Juan de Mairena*, organizando el material según los siguientes temas: (1) Política y ética, (2) Poética y estética y (3) Teología y filosofía. La razón principal de analizar el cristianismo presente en *Juan de Mairena*, antes que las demás prosas, es que esta obra concentra la mayor y más refinada parte del pensamiento machadiano, y en ella recae la mayor parte de la crítica. Así, el análisis de *Juan de Mairena* permitirá identificar la evolución del pensamiento machadiano sobre el cristianismo y sus rasgos más característicos.

Finalmente, me ocuparé por argumentar el concepto de cristianismo laico, heterodoxo, en la obra de Antonio Machado. El ambiente ibérico ha estado fuertemente saturado de cristianismo a lo largo de su historia. Un hombre *fin du siècle*, inteligente y universitario, como era Machado, no podía evitar el contacto con la religión cristiana, y en alguna medida, hubiera necesitado integrarla a su personalidad. Espero poder demostrar que pese a sus fuertes tendencias liberales ("Republicano" desde su nacimiento) y a que nunca perteneció a una denominación cristiana, Antonio Machado llegó a tomar bastante en serio el cristianismo, y con el paso de los años se mostraba progresivamente más sensible hacía él.

El cristianismo laico, algo así como era concebido en el pensamiento de Unamuno, pero bajo una óptica personal, fue ocupando el foco de su atención, y lo que he llamado espiritualismo moral –frase empleada por Alfonso Maestre Sánchez respecto de Séneca[3]– llegó a ser el tema central de sus pensamientos y propuestas reformistas para España. El trágico estallido de la guerra civil le llevó a consolidar su visión espiritual-moral en una especie de comunismo en un sentido cristiano[4], no marxista, y a promulgarla en los periódicos como el antídoto al odio, la

---

[3] Alfonso Maestre Sánchez, "La filosofía de Lucio Anneo Séneca: ¿Espiritualismo moral?" en *Pensamiento filosófico español, volúmen I.* (Madrid: Síntesis, 2002; editor: Manuel Maceiras Fafián), p. 59.

[4] "Amor, que es fraternidad; justicia que es igualdad; conocimiento que es tanto como decir Cultura, antidogmatismo pero derecho a las propias opiniones y respeto a las opiniones de los demás; libertad radical que es el sentido político, eutópico y casi filosófico, que Don Antonio le da al término "liberal"—no precisamente en su vertiente económica—. Porque para conseguir esos fines, como se acaba de ver, él espera la República y el Socialismo, incluso un comunismo cristiano de orientación tolstoiana, que él

irracionalidad, la violencia y al sentimiento apocalíptico que reinaba en España en aquel entonces. En este sentido –a diferencia de la opinión de algunos críticos, como la del teólogo Olegario González Cardedal– considero que el cristianismo machadiano, manifiesto en *Juan de Maire-na*, no era menos pleno o auténtico por no ser enteramente ortodoxo.

---

cree encontrar en lo más profundo del alma rusa", Juan José Coy: *Fragmentos de biografía espiritual*, (Valladolid: Junta de Castilla y León), p. 139.

I

Una semblanza de Juan de Mairena

El personaje principal de la prosa de Antonio Machado, Juan de Mairena, adquiere características particulares dentro del desarrollo literario del autor que son importantes conocer para el correcto análisis de su obra. Juan de Mairena aparece en un momento especial en la vida del autor, siendo igualmente relevante el entender la forma como Machado define y crea el personaje. En este capítulo, describiremos a Juan de Mairena dentro de su contexto literario y temporal, como punto de partida para el posterior análisis temático.

En 1913, tras la muerte de su casi adolescente esposa Leonor, Antonio Machado se sumerge en el estudio de la filosofía y, en 1923, realiza la publicación de una serie de versos populares de raigambre filosófico, "Canciones y proverbios", en la *Revista de Occidente*. Machado dedica estos poemas a José Ortega y Gasset, colega suyo y director de aquella revista, probablemente con motivo de su licenciatura en filosofía frente a un tribunal encabezado por el mismo Ortega. Es en esta misma revista, dentro del "Cancionero apócrifo" (1923), donde aparece por primera vez el nombre Juan de Mairena: "Poeta, retórico e inventor de una *máquina de cantar*. Nació en Sevilla (1865). Murió en Casariego de Tapia (1909). Es autor de una *Vida de Abel Martín*, de un *Arte poética*, de una colección de poesías: *Coplas mecánicas*, y de un tratado de metafísica: *Los siete reversos*"[1]. Posteriormente, el "Cancionero Apócrifo" será reeditado en 1928, en el libro *Poesías completas*. Es interesante notar que Juan de Mairena –"el 'yo' filosófico"[2] de Antonio Machado– surgiera en el mismo período en que nuestro poeta estaba sumergido en lecturas filosóficas, y cuando sus versos empezaban a tratar, cada vez con más énfasis, temas metafísicos.

---

[1] Antonio Machado, *Poesías Completas*. (Madrid: Espasa Calpe, 2002; edición Manuel Álvar), p. 353.

[2] Palabras de Antonio Machado. He citado de: Manuel de Lara, *Antonio Machado, poeta del pueblo*, (Madrid: Taurus, 1997), p. 201; una frase que, asimismo, fue citada de: *La voz de Madrid*, París, 8 de octubre de 1938 (R.M.).

La primera aparición en los periódicos de la firma de Juan de Mairena surge en 1934[3], dentro de una serie de artículos que durarán hasta el año 1936. En esta primera etapa, Mairena aparece en un tono más juguetón y satírico. Los periódicos en los que se editan los artículos son *El Diario de Madrid* y *El Sol.* Posteriormente, Machado hará resucitar a Juan de Mairena en una segunda serie de artículos con motivo del estallido de la guerra civil: *Mairena póstumo,* 1937-38. Esta segunda etapa estará marcada por un tono más serio, incluso didáctico, prevaleciendo la voz del propio Machado frente a la de Juan de Mairena: su estilo se vuelve más radical, y está influenciado por la persecución de la España republicana[4]. Estos artículos aparecen en diferentes periódicos, así como en *Hora de España, Cuadernos de la Casa de Cultura, Servicio Español de Información* y *La Vanguardia.*

Al darse a luz los primeros artículos de prensa protagonizados y firmados por Juan de Mairena (1934), Antonio Machado es un hombre venerable y maduro, un poeta de fama ya reconocida por la Real Academia. Sin embargo, la aparición de una "vanguardia" de jóvenes poetas innovadores, cuya política suele ser liberal, o en algunos casos abiertamente comunista[5], acaparaban el foco de atención, aislando artísticamente cada vez más a Machado con respecto de sus contemporáneos. En referencia al período 1924-1936, Luis García-Camino Burgos comenta lo siguiente: "La poesía de aquellos años iba por caminos muy distintos, y frente a ella Machado no supo oponer ningún producto de verdadera calidad. Ello no quiere decir que esporádicamente no surgiera un buen poema"[6]. Manuel Tuñón de Lara, representando una posición antagónica a la tesis propuesta por García-Camino Burgos, ha escrito: "Resulta impre-

---

[3] La primera referencia a Juan de Mairena data de 1928 en el "Cancionero apócrifo", *Poesías completas* de Antonio Machado.

[4] "Consecuencia de todo esto es el progresivo desdibujamiento del apócrifo, su voz se diluye, cada vez más, en la voz de Machado. Ya no es «mi otro yo filosófico» sino el mismo poeta en sus afirmaciones y en su carácter". Citado de Alfonso Méndiz Noguero, *Antonio Machado, periodista.* (Barañáin [Navarra] Universidad de Navarra. 1995), p. 367. Las páginas 103-328 de *Mairena* pertenecen a la primera etapa (prebélica), las páginas 329-504 son del período bélico.

[5] E.g. Rafael Alberti.

[6] Antonio Machado, *Antología poética.* (Madrid: Punto de lectura, 2002; edición Luis García-Camino Burgos), p. 151.

sionante, al cabo de casi cuarenta años después, ver cómo la poética a la moda entonces –superrealismo, intimismo, etc.–, la poética que arrebataba a la pléyade juvenil del centenario de Góngora –que ilusionó momentáneamente a los mejores poetas de España–, resbaló por Machado sin hacer mella. Y cómo hoy, cuando es posible que se acerquen 'los cantores de una nueva sentimentalidad', es la visión machadiana la que tiene plena vigencia. Porque era una visión anclada en el porvenir"[7].

Con respecto a esta época, convengo en reconocer que el Machado maduro encontraba en la prosa periodística el medio más adecuado para sus propósitos. En las últimas décadas, su poesía y prosa cobraron un tono cada vez más didáctico, aunque siempre fiel al antidogmatismo característico de Machado, y una dimensión manifiestamente filosófica que reservaba un espacio significativo para la ética de corte cristiano.

Entonces, queda claro que sea cual fuese la interpretación sobre la calidad de las últimas poesías machadianas, el hecho es que el Machado maduro ponía su pluma mayoritariamente al servicio de la prosa, y, evidentemente, tanto su poesía como sus prosas tardías versaban frecuentemente sobre problemas filosóficos. Se reconoce a *Juan de Mairena* como su obra fundamental en prosa, recogiendo la parte más profunda de su pensamiento filosófico. Motivo por el cual esta obra será el objeto de estudio de este trabajo de investigación para ahondar en el análisis del cristianismo como elemento propio de la prosa de Antonio Machado.

Entendidas las circunstancias que rodean la aparición de Juan de Mairena –una etapa reflexiva y filosófica, una madurez literaria alcanzada y reconocida en su prestigio como escritor, y la profunda crisis social de la España en guerra civil–, es necesario conocer cómo definía Antonio Machado al personaje que protagonizaría su obra fundamental en prosa. Machado afirma ante la pregunta de un periodista sobre ¿quién era Juan de Mairena?...

> ¿Juan de Mairena? Sí... es mi 'yo' filosófico, que nació en épocas de mi juventud. A Juan de Mairena, modesto y sencillo, le placía dialogar conmigo a solas, en la recogida intimidad de mi gabinete de trabajo y comunicarme sus impresiones sobre todos los hechos. Aquellas impresiones, que yo iba resumiendo día a día, constituían un breviario íntimo, no destinado en modo alguno a la publicidad, hasta que un día... un día saltaron desde mi despacho a las columnas

---

[7] Manuel Tuñón de Lara, *Antonio Machado, poeta del pueblo*, (Madrid: Taurus, 1997), p. 167.

de un periódico. Y desde entonces, Juan de Mairena –que algunas veces guarda sus fervorosos recuerdos para su viejo profesor Abel Martín– se ha ido acostumbrando a comunicar al público sus impresiones sobre todos los temas... Juan de Mairena es un filósofo amable, un poco poeta y un poco escéptico, que tiene para todas las debilidades humanas una benévola sonrisa de comprensión y de indulgencia. Le gusta combatir el "snob" [*sic*] de las modas en todas las materias. Mira las cosas con su criterio librepensador, un poco influenciado [*sic*] por su época de fines de siglo pasado, lo cual no obsta para que ese juicio de hace veinte o treinta años pueda seguir siendo completamente actual dentro de otros tantos años[8].

Ahora bien, partiendo desde lo que Antonio Machado entendía y proponía con Juan de Mairena en el desarrollo de una prosa filosófica, emprenderé un recorrido temático para examinar la forma cómo el autor trata el cristianismo como parte inherente de su obra, siendo éste el tema central del siguiente capítulo.

---

[8] En *Antonio Machado, poeta del pueblo*, (Madrid: Taurus, 1997), p. 201. Este texto, asimismo, fue citado de *La voz de Madrid*, París, 8 de octubre de 1938.

II

Una glosa de Juan de Mairena a propósito del cristianismo

POLÍTICA Y ÉTICA

Los puntos clave que destacaremos en esta sección, entre otros, serán: (a) El auténtico nacionalismo español es el *Milito per Christo*; (b) La comunión cordial en su sentido cristiano debe ser la meta por excelencia de toda sociedad; (c) Se reclama la generalización de la benevolencia cristiana ejemplarizada en las siguientes palabras de Jesús: *Aquel de vosotros que no tenga pecado, que tire la primera piedra.*

1

La siguiente es una cita peculiar sobre el papel paradójicamente positivo de la blasfemia en la comunidad de creyentes:

> La blasfemia forma parte de la religión popular. Desconfiad de un pueblo donde no se blasfema: lo popular allí es el ateísmo. Prohibir la blasfemia con leyes punitivas, más o menos severas, es envenenar el corazón del pueblo, obligándole a ser insincero en su diálogo con la divinidad. Dios, que lee en los corazones, ¿se dejará engañar? Antes perdona Él –no lo dudéis– la blasfemia proferida, que aquella otra hipócritamente guardada en el fondo del alma, o, más hipócrita todavía, trocada en oración[1].

y continúa en el fragmento siguiente:

> En una facultad de Teología bien organizada es imprescindible –para los estudios del doctorado, naturalmente– una cátedra de Blasfemia, desempeñada, si fuera posible, por el mismo Demonio[2].

dejándonos saber que *no todo es folklore en la blasfemia*. Con un tono claramente irónico, argumenta que la piedad hueca o el diálogo falso no le

---

[1] Antonio Machado, *Juan de Mairena*, (Sevilla: Junta de Andalucía, 1999; edición Pablo del Barco), p. 107.
[2] Ob. cit., p.107.

place a Dios; el sabio indagará sobre la divinidad de forma libre y coherente con su naturaleza humana. En otras palabras, un corazón sincero no tiene por qué temer a Dios, o al menos tendrá menos razón para temer que el corazón hipócritamente piadoso. Adicionalmente, la continuación de la cita muestra la preocupación machadiana por la libertad de cátedra, violada tantas veces en las universidades españolas de la época. Recuérdese que el maestro de Machado, Giner de los Ríos, fue desprovisto dos veces de su cátedra por su flagrante liberalismo.

2

El próximo fragmento versa sobre Dios y el trabajo:

–La sociedad burguesa de que formamos parte –habla Mairena a sus alumnos– tiende a dignificar el trabajo. Que no sea el trabajo la dura ley a que Dios somete al hombre después del pecado. Más que un castigo, hemos de ver en él una bendición del cielo. Sin embargo, nunca se ha dicho tanto como ahora: "El que no trabaje que no coma". Esta frase, perfectamente bíblica, encierra un odio inexplicable a los holgazanes, que nos proporcionan con su holganza el medio de acrecentar nuestra felicidad y de trabajar más de la cuenta.

Uno de los discípulos de Mairena hizo la siguiente observación al maestro:

–El trabajador no odia al holgazán porque la holganza aumenta el trabajo de los laboriosos, sino porque les merma su ganancia, y porque no es justo que el ocioso participe, como el trabajador, de los frutos del trabajo.

–Muy bien, señor Martínez. Veo que no discurre usted mal. Convengamos, sin embargo, en que el trabajador no se contenta con el placer de trabajar: reclama, además, el fruto íntegro de su trabajo. Pero aquellos bienes de la tierra que nos da Dios de balde, ¿por qué no han de repartirse entre trabajadores y holgazanes, mejorando un poco al pobrecito holgazán, para indemnizarle de la tristeza de su holganza?

–Porque Dios, señor doctor, no da nada de balde, puesto que nuestra propia vida nos la concede a condición que la hemos de ganar con el trabajo.

–Muy bien. Estamos de nuevo en la concepción bíblica del trabajo: dura ley a que Dios somete al hombre, a todos los hombres, por el mero pecado de haber nacido. Es aquí donde yo quería venir a parar. Porque iba a proponeros, como ejercicio de clase, un "Himno al trabajo", que no debe contribuir a entristecer al trabajador como una canción de forzado, pero que tampoco puede cantar, insinceramente, alegrías que no siente el trabajador. Conviene, sobre todo, que nuestro himno no suene a canto de negrero, que jalea al esclavo para que trabaje más de la cuenta[3].

---

[3] Ob. cit., p. 116.

El sentido de este diálogo queda evidente a primera vista, el maestro, emulando a un Sócrates moderno, ayuda a su alumno a engendrar sus propias ideas respecto del asunto del trabajo. Mairena descubre el mensaje hipócrita y contradictorio en sí mismo de la sociedad burguesa del momento; denuncia que un mensaje de tal naturaleza sería inconsistente con las mismas escrituras bíblicas. Adicionalmente, añade en respuesta al concepto marxista del trabajo, que en su intención de atacar al concepto burgués, tampoco logra percibir el sentido bíblico. Así, en un razonamiento circular, vuelve al punto de partida del concepto bíblico de igualdad en el trabajo: "Porque Dios, señor doctor, no da nada de balde, puesto que nuestra propia vida nos la concede a condición que la hemos de ganar con el trabajo". Finalmente, termina invocando a un mensaje sincero sobre el trabajo en repuesta a las filosofías políticas que ganaban popularidad en la época – el capitalismo y el marxismo. El espiritualismo moral de Antonio Machado supone una perspectiva que va más allá de la retórica politizada.

3

En el próximo fragmento trata del orgullo de ser español y del amor a Dios:

Yo siempre os aconsejaré que procuréis ser mejores de lo que sois; de ningún modo que dejéis de ser españoles. Porque nadie más amante que yo ni más convencido de la virtudes de nuestra raza. Entre ellas debemos contar la de ser muy severos para juzgarnos a nosotros mismos, y bastante indulgentes para juzgar a nuestros vecinos. Hay que ser español, en efecto, para decir las cosas que se dicen contra España. Pero nada advertiréis en eso que no sea natural y explicable. Porque nadie sabe de vicios que no tiene, ni de dolores que no le aquejan. La posición es honrada, sincera y profundamente humana. Yo os invito a perseverar en ella hasta la muerte.

Los que os hablan de España como una razón social que es preciso a toda costa acreditar y defender en el mercado mundial, esos para quienes el reclamo, el jaleo y la ocultación de vicios son deberes patrióticos, podrán merecer, yo lo concedo, el título de buenos patriotas; de ningún modo el de buenos españoles.

Digo que podrán ser hasta buenos patriotas, porque ellos piensan que España es, como casi todas las Naciones de Europa, una entidad esencialmente batallona, destinada a jugárselo todo en una gran contienda, y que conviene no enseñar el flaco y reforzar los resortes polémicos, sin olvidar el orgullo nacional, creado más o menos artificialmente. Pero pensar así es profundamente antiespañol. España no ha peleado nunca por orgullo nacional, ni por orgullo de raza, sino por orgullo humano o por amor de Dios, que viene a ser lo mismo. De esto hablaremos más despacio otro día[4].

Presenta en esta oportunidad una crítica directa hacia los nacionalistas fanáticos, vehementes idealistas, que profesaban ser poseedores de una *hispanidad* más profunda que la de sus compatriotas opositores, ignorando el verdadero significado de *ser español*. Dentro de su análisis a este peculiar sentido nacionalista español, es importante captar su propia visión cuando dice que: luchar por "orgullo humano o por amor de Dios, que viene a ser lo mismo", son conceptos equivalentes para el verdadero español. Así, afirma Machado, el español genuino no se motivará por nacionalismo sino por espiritualismo moral. Los valores del espíritu son inherentes al verdadero español, y siempre deberán estar colocados por encima de los valores materiales.

4

A continuación Mairena trata de la justicia en el sentido cristiano:

> La posición del satírico, del hombre que fustiga con acritud vicios o errores ajenos, es, generalmente, poco simpática, por lo que hay en ella de falso, de incomprensivo, de provinciano. Consiste en ignorar profundamente que estos vicios o errores que señalamos en nuestro vecino los hemos descubierto en nosotros mismos, en desconocer el proverbio a que antes aludíamos, y en olvidar, sobretodo, las palabras del Cristo, para conservar el alegre ímpetu que apedrea a su prójimo[5].

El fragmento no deja duda de un sentido de justicia concebido de acuerdo a las palabras de Cristo: *"Aquel de vosotros que no tenga pecado, que tire la primera piedra" (Juan 8, 7)*. El espiritualismo moral machadiano, puesto en boca de Juan de Mairena, se deja expuesto de forma evidente y clara. Esta glosa es especialmente significativa porque muestra claramente que Machado concibe los valores éticos de la misma forma en que son revelados en la Biblia.

5

Mairena advierte sobre el riesgo de la polarización entre el optimismo y el pesimismo:

---

[4] Ob. cit., p. 149.
[5] Ob. cit., p. 184.

Nunca aduléis a la divinidad en vuestras oraciones. Un Dios justiciero exige justicia y rechaza la lisonja. Que no vivimos en el mejor de los mundos posibles, lo prueba suficientemente el que si apenas no hay nada de lo cual pensamos no pudiera mejorarse. Es ésta una de las pruebas en verdad concluyentes, incontrovertibles, que conozco. Porque, aún suponiendo, como muchos suponen, que esta idea de la mediocridad del mundo fuese hija de la de la limitación y endebles de nuestra mollera, como esta mollera forma parte del mundo, siempre resultaría que había en él algo muy importante que convendría mejorar. Un optimismo absoluto no me parece aceptable.

Tampoco os recomiendo un pesimismo extremado. Que nuestro mundo no es el peor de los mundos posibles, lo demuestra también el que apenas si hay cosa que no pensemos como esencialmente empeorable. La prueba de esta prueba ya no me parece tan concluyente. Sin embargo, reparad en que nuestro pesimismo moderado también forma parte del mundo y que, en caso de error tendríamos que empeorarlo para ponerlo de acuerdo con el peor de los mundos. En todo caso, un pesimismo absoluto no es absolutamente necesario[6].

La oposición optimismo-pesimismo es la clave para el entendimiento del mensaje del autor sobre estas dos tendencias. Mairena no especifica cuáles eran las ideologías optimistas o pesimistas. El mensaje del autor reclama la sinceridad del individuo tanto en la reflexión como en su diálogo exterior. Encuentra en este proceso de sinceridad el camino para evitar caer en la debilidad del extremismo. Con esto, nos advierte de la pérdida de la tolerancia al polarizar la interpretación de las realidades, entendido sólo como el fracaso absoluto del diálogo fraternal que él defiende.

6

Sobre el individualismo ateo escribe:

Un comunismo ateo –decía mi maestro– sería siempre un fenómeno social muy de superficie. El ateísmo es una posición esencialmente individualista; la del hombre que toma como tipo de evidencia el de su propio existir; con el cual inaugura el reino de la nada, más allá de las fronteras de su yo. Este hombre, o no cree en Dios, o se cree Dios, que viene a ser lo mismo. Tampoco ese hombre cree en su prójimo, en la realidad absoluta de su vecino. Para ambas cosas carece de la visión o evidencia de lo otro, de una fuerte intuición de *otredad*, sin la cual no se pasa del yo al tú. Con profundo sentido, las religiones superiores nos dicen que es el desmedido amor de sí mismo lo que aparta al hombre de

---

[6] Ob. cit., p. 189.

Dios. Que le aparta de su prójimo va implícito en la misma afirmación. Pero hay momentos históricos o vitales en que el hombre sólo cree en sí mismo, se atribuye la aseidad, el ser por sí; momentos en los cuales le es tan difícil afirmar la existencia de Dios como la existencia, en el sentido ontológico de la palabra, del sereno de su calle. A este *self-man* propiamente dicho; a esta mónada autosuficiente no le hable usted de comunión, ni de comunidad, ni aun de comunismo. ¿En qué y con quién va a comulgar este hombre?[7]

El comunismo ateo (i.e. el marxismo ortodoxo), en la perspectiva de Mairena, supone un oxímoron. El ateísmo, postura esencialmente individualista, llevado a sus últimas consecuencias, entraña la negación del prójimo como una realidad concreta. El autor explica su percepción del comunismo ateo que entiende al mismo individuo como principio absoluto de la existencia: "A este *self-man* propiamente dicho; a esta mónada autosuficiente no le hable usted de comunión, ni de comunidad, ni aun de comunismo. ¿En qué y con quién va a comulgar este hombre?". La consecuencia del agrandamiento del "yo" produce la negación de la existencia del prójimo. Este descontrol en el culto individualista transgrede sus fronteras invadiendo el campo de lo divino, negando a Dios. Mairena, al igual que las religiones superiores que refiere, considera que el sentimiento de otredad no es posible de ser entendido sin el acercamiento a Dios. En sus palabras, será "la fuerte intuición de *otredad*" la que posibilita la aceptación de la existencia del prójimo. Antonio Machado, a lo largo de su obra, expone una denuncia consistente en contra del "narcisismo", tal como refiere en un poema: "Todo narcisismo / es un vicio feo, / y ya viejo vicio. […] Mas busca en tu espejo al otro, / al otro que va contigo"[8]. Se puede afirmar que el sentimiento de alteridad que propone Mairena "es el desmedido amor de sí mismo lo que aparta al hombre de Dios. Que le aparta de su prójimo va implícito en la misma afirmación", es lo que constituye la fuerza que cohesiona el espiritualismo-moral machadiano. Con esto, Mairena nos quiere decir que es Dios la forma de llegar al prójimo.

---

[7] Ob. cit., p. 221.

[8] Antonio Machado, *Selected poems*, (Cambridge: Harvard Press; Translator, Alan S. Trueblood), p. 176.

7
Comenta sobre la ética que será predicada al retorno del Cristo:

El Cristo –decía mi maestro– predicó la humildad a los poderosos. Cuando vuelva, predicará el orgullo a los humildes. De sabios es mudar de consejo. No os estrepitéis. Si el Cristo vuelve sus palabras serán aproximadamente las mismas que ya conocéis: "Acordaos de que sois hijos de Dios; que por parte de padre sois alguien, niños". Mas si dudáis de una divinidad que cambia de propósito y de conducta, os diré que estáis envenenados por la lógica y que carecéis de sentido teológico. Porque nada hay más propio de la divinidad que el arrepentimiento. Cuando estudiemos la Historia Sagrada, hemos de definirla como historia de los grandes arrepentimientos, para distinguirla no ya de la Historia profana, sino de la misma Naturaleza, que no tiene historia, porque no acostumbra de arrepentirse de nada[9].

Se considera oportuno citar al teólogo Hans Küng en la intención por alcanzar un mejor entendimiento del concepto del cambio de propósito a que refiere el párrafo: "No tienen por qué ser interpretados primitivamente, con pasiones y emociones humanas [...] El *arrepentimiento* de Dios no es secuela de una inicial ignorancia y un posterior entendimiento, sino signo de que el hombre no está sujeto a un destino inexorable, de que la historia humana no es para Dios un drama fútil e indiferente, de que Dios no permanece imperturbable ante el cambio de las situaciones ni manifiesta su complacencia o disgusto por ciego capricho, sino con evidente justicia"[10]. Tomando en consideración lo expuesto, para Mairena, los cambios de propósito del Dios judeocristiano no suponen una discontinuidad de su mensaje. Estos cambios se entienden como la sensibilidad de Dios a la evolución de las circunstancias humanas. Asimismo, Mairena distingue claramente entre el Dios judeocristiano (simpático y compasivo) y la misma Naturaleza (apática, insensible, e impasible). El verdadero entendimiento del concepto del cambio de propósito de Dios no permitiría aceptar la tesis sobre el panteísmo de Machado como válida, en el sentido que autores como Antonio Sánchez Barbudo establecen.

---

[9] Antonio Machado, *Juan de Mairena*, (Sevilla: Junta de Andalucía, 1999; edición Pablo del Barco), p. 249.

[10] Hans Küng, *Ser Cristiano*, (Madrid: Trotta, 1996; traducción de José María Bravo Navalpotro), p. 325.

8

En su crítica a la moral nietzscheana nos dice:

> Leyendo a Nietzsche, decía mi maestro Abel Martín –sigue hablando Mairena a sus alumnos–, se diría que es el Cristo quien nos ha envenenado. Y bien pudiera ser lo contrario –añadía–: que hayamos nosotros envenenado al Cristo en nuestras almas[11].

Este pequeño fragmento nos proporciona importantes elementos de análisis. Se podría entender, si se leyera literalmente, como una crítica a Nietzsche como elemento perturbador del alma del hombre. Sin embargo, el mensaje que nos deja el fragmento tiene mucho mayor alcance para los fines de este estudio. Se refiere a los cristianos –discípulos contemporáneos– quienes con la razón, pensamientos y obras perturban su propia esencia "envenenando al Cristo". Por otro lado, no es casualidad que Machado utilizara al más escéptico de sus apócrifos para plantear una defensa del Cristo. Recuérdese que Abel Martín es el filósofo muchas veces acusado de nihilista debido a sus odas a la "Nada" y al Gran Cero. Se podría entender como la aproximación del propio Abel Martín al mensaje de Machado. Finalmente, queda claro que Antonio Machado reconoce su esencia cristiana al referirse: "al Cristo en nuestras almas".

9

En el siguiente párrafo Mairena profetiza sobre la primera guerra mundial y las demás guerras que afectarán a Europa en el siglo XX, mostrándose abiertamente en contra de la política bélica.

> Después de la blasfemias de Nietzsche –sigue hablando Mairena–, nada bueno puede augurarse a esta vieja Europa, de la cual somos nosotros parte, aunque, por fortuna, un tanto marginal, como si dijéramos, su rabo todavía por desollar. El Cristo se nos va, entristecido y avergonzado. Porque el bíblico semental humano brama, ebrio de orgullo genesíaco, de fatuidad zoológica. ¿No le oís berrear? Terribles guerras se avecinan[12].

---

[11] Antonio Machado, *Juan de Mairena*, (Sevilla: Junta de Andalucía, 1999; edición Pablo del Barco), p. 257

[12] Ob. cit., p. 279.

Mairena, una vez más, denuncia la agresividad nietzscheana con una alusión exageradamente zoológica del hombre. En la interpretación del autor, una lectura literal de Nietzsche justificaría la matanza del débil a manos del fuerte. En un tono profético, anuncia las horrendas guerras que sucederán en Europa a lo largo del siglo XX. Es importante tomar en cuenta que cuando Machado empezó a escribir *Juan de Mairena*, la primera guerra mundial ya había tenido lugar; sin embargo, la guerra civil española y la segunda guerra mundial no se habían consumado aún.

Intencionalmente, Mairena expone el enfrentamiento entre el bien y el mal; adoptando la figura bíblica del toro como representación del mal y la traición al Cristo. La nueva crucifixión del Cristo vendría dada por la agresividad institucionalizada de la época moderna, agresividad que nublaría la lucidez del hombre. Se plantea en este pasaje una lucha en la cual los creyentes leales a los principios cristianos pierden frente a la evolución aplastante del clima bélico, individualista y egoísta.

10
Una vez más, la crítica de la moral nietzscheana:

> Ladrón de energías, llamaba Nietzsche al Cristo. Y es lástima –añadía Mairena– que no nos haya robado bastante[13].

Nietzsche es considerado provocador de la barbarie y del sentido bélico entre las civilizaciones occidentales. La ideología del filósofo alemán, en el pensamiento de Mairena, tiene una relación directa con las grandes tragedias del siglo XX: la primera guerra de Europa, la guerra civil española, y el surgimiento del totalitarismo. En esta oportunidad, lo responsabiliza de privar a los hombres del sentido de Cristo.

11
En la siguiente cita aborda el tema en cómo se juzga al prójimo:

> Siempre he creído –decía Mairena a sus alumnos– que la confesión de nuestros pecados y, lo que es más difícil, de nuestros errores, la confidencia que, en cierto modo, nos humilla ante nuestro prójimo –(sacerdote, médico, maestro, amigo, público, etc.)– formará siempre parte de una técnica psicológica pa-

---

[13] Ob. cit., p. 399.

ra el lavado de nuestro mundo interior, y para el descubrimiento de los mejores paisajes de nuestro espíritu. *Item más,* el hombre se hace tanto más fuerte, tanto más se ennudece y tonifica, cuanto más es capaz de esgrimir el látigo contra sí mismo. Todo, amigos, antes que engolados abogadetes de vuestras personillas –dejad que se las coman las ratas– porque daréis en literatos de la peor laya, ateneístas en el impeorable sentido de la palabra.

Reparad en como yo, que tengo mucho –bien lo reconozco– de maestro Ciruela, no esgrimo sin embargo, nunca la palmeta contra vosotros. Mas no por falta de palmeta. La palmeta está aquí, como veis, a vuestra disposición, y yo os invito a que la uséis, aplicándoosla cada cual a sí mismo, o sacudiendo con ella la mano de vuestro prójimo, mas siempre esto último a petición suya. Porque de ningún modo conviene que enturbiemos con amenazas el ambiente benévolo, fuera del cual no hay manera de aprender nada que valga la pena de ser sabido. Cierto que hay faltas que merecen corrección, mas son de superficie y podemos no reparar en ellas, y otras, más graves, previstas por las leyes del reino. No nos interesan, desde un punto de vista pedagógico. Nuestros yerros esenciales son hondos, y es en nosotros mismos donde los descubrimos. Si acusamos de ellos a nuestro prójimo, quizás no demos en calumniadores, pero estableceremos con él una falsísima relación, terriblemente desorientadora y descaminante, de la cual todo maestro ha de huir como de la peste. Porque indirectamente nos propondremos, como modelo, no siéndolo, con lo cual le mentimos y le cerramos al mismo tiempo la única vía, o la vía mejor para que descubra en sí mismo lo que ya nosotros hemos descubierto. Cometemos dos faltas imperdonables: la una antisocrática, no acompañando a nuestro prójimo para ayudarle a bien parir sus propias nociones: la otra, mucho más grave, anticristiana, por no haber leído atentamente aquello de la primera piedra, la profunda ironía del Cristo ante los judíos lapidadores. ¿Y qué pedagogía será la nuestra, si nos saltamos a la torera a ese par de maestros?[14]

Esta es una reflexión que se plantea hacia la forma de condenar los errores. Contrario al procedimiento común del momento, todo acto de conciencia que descubra los grandes fallos o yerros debe nacer de la autoreflexión, y ser contraria al sentido lapidador del prójimo que condena a Cristo. Se podría considerar a Mairena revolucionario dada la época de la formulación de estas ideas. El autor considera que una vía que lleve a descubrir los errores del prójimo no es el camino correcto, pues supondría una falsa relación donde se pone al acusador como modelo cuando no lo es.

---

[14] *Ob. cit.,* pp. 405-6.

12
Sobre una metafísica del orgullo:

> Llegaremos a una verdadera metafísica del orgullo –decía Juan de Maire-
> na a sus alumnos– el día de nuestra máxima modestia, cuando hayamos averi-
> guado el carácter *faltusco*, la esencial insuficiencia del existir humano, y aspire-
> mos a Dios para rendirle estrecha cuenta de nuestra conducta y a pedirle cuen-
> ta, no menos estrecha, de la suya[15].

Según Mairena lo expone en este párrafo, se espera alcanzar un grado tal de "modestia" que permita al hombre descubrir ante sus ojos la humildad de su naturaleza, y su necesidad de Dios. Asimismo, se anhela que llegue el momento en que el hombre busque con ansia entender a Dios "para rendirle estrecha cuenta de nuestra conducta y a pedirle cuenta, no menos estrecha, de la suya" –la reconciliación entre Dios y el hombre. En esta noción de reciprocidad se nota la huella de Unamuno en el pensamiento machadiano.

13
Sobre la cultura occidental y el clima bélico de la época:

> Sé muy bien lo que digo, aunque acaso no acierte a expresarlo con entera
> justeza. Una enorme oleada de cinismo o, si os place, mejor, de *realismo*, nos
> arrastra a todos. La labor dominante de la cultura occidental –sin excluir ni a su
> ciencia, ni a su arte, ni a su metafísica– tiende a despojar al hombre de todos sus
> atributos divinos... ¡Perdón! Cuando digo *divinos*, quiero decir *humanos*, aque-
> llos por los cuales el hombre excede o se diferencia de otros grupos zoológicos
> enteramente sometidos a sus fatalidades orgánicas. Y en esta corriente tan esen-
> cialmente batallona, que es la guerra misma, ¿cómo pensar que la guerra, ni
> aun la totalitaria, puede ser enfrenada? Sin la tendencia de sentido contrario, a
> saber: la amorosa, la ascética, la contemplativa, la espiritual, de la cual sacamos
> toda nuestra retórica y muy poco de nuestras realidades afectivas, es muy difícil
> que lleguemos a intentarlo siquiera.
> Perdonad que me haya apartado tanto del tema concreto que me propu-
> se tratar: las bombas criminales sobre las ciudades abiertas. Porque escribo a la
> luz de una vela, en plena alarma, y son estas mismas aborrecibles bombas que es-
> tán cayendo sobre nuestros techos las que me inspiran estas reflexiones[16].

---

[15] Ob. cit., p. 422.
[16] Ob. cit., pp. 469-71.

La cultura occidental, en sus diferentes expresiones, tiende a despojar al hombre de su atributo divino, o humano es decir, lo mejor de sí mismo. Es importante recordar que para Mairena, lo que diferencia al hombre de las demás criaturas es su ansia de trascender: "el hombre es el único animal que quiere salvarse [...] una esencial disconformidad consigo mismo que lo impulse a ser otro del que es". Este concepto, como se ha visto, esta ligado al ansia de Dios –"la Nada"–. Según nos explica, el hombre una vez despojado de esta ansia hacia lo divino, no sería capaz de oponer resistencia al sentimiento bélico que inundaba la Europa de Machado, particularmente manifiesto en la guerra civil española. Finalmente, en esta cita, el autor trata sobre el fascismo desde su espiritualismo moral:

> La persecución a los judíos –decía Juan de Mairena a sus alumnos– es una verdadera judiada. En primer lugar, porque, como pensaba Monsieur De la Palisse, mal podríamos perseguir a los judíos si los judíos no existieran. En segundo lugar, porque es algo terriblemente anticristiano y, en el fondo, la eterna cruzada de los judíos inferiores contra los judíos de primera clase o, si queréis, la venganza que toma el rebaño de todo cordero distinguido –*agnus Dei*–. ¿Qué otra cosa fue la tragedia de Gólgota? En tercer lugar, porque sólo los pueblos saturados de Viejo Testamento y de sangre judaica pueden pasarse la vida berreando: ¡somos pueblo elegido; aquí no hay más pueblo elegido que el nuestro!
>
> Si conociera Hitler estas sentencias de Juan de Mairena, revisaría su modesto arbusto genealógico para encontrar la verdadera razón de su fervorosa e intransigente *ariofilia*. Porque de los arios debe saber Hitler aproximadamente tanto como su compadre Mussolini[17].

Desde su punto de vista, el emblema fascista no es más que, nuevamente, "la diferencia entre el Viejo y el Nuevo Testamento". Sólo en una concepción veterotestamentaria cabría lugar un argumento del pueblo elegido en sentido sectario. Mairena nos da a entender que, tal como los judíos lo concibieron, ahora los fascistas lo entienden: "la venganza que toma el rebaño de todo cordero distinguido". La equivocación de los fascistas radicaría en su imposibilidad de entender que "todos somos hijos de Dios", tal como lo enuncia el mensaje de Cristo en el Nuevo Testamento.

---

[17] Ob. cit., pp. 480-81.

Con esta cita, ya se puede percibir la utilización plena de la formulación cristiana del espiritualismo moral machadiano para oponer argumentos a temas puntuales, en este caso el fascismo.

POÉTICA Y ESTÉTICA

Los puntos clave que destacaremos en este apartado, entre otros, serán: (a) Se elogia la fraternidad cristiana a lo Leo Tolstoy; (b) El folclore será la fuente del arte proletario, siendo el proletariado definido como «la prole de Adán»; (c) El lenguaje poético ofrece un modo de expresar y, quizás de efectuar, la comunión cordial en su sentido cristiano.

1

Sobre el tema central de su pensamiento, la fraternidad de corte cristiano, afirma:

> Carlos Marx, señores –ya lo decía mi maestro–, fue un judío alemán que interpretó a Hegel de una manera judaica, con su dialéctica materialista y su visión usuraria del futuro. ¡Justicia para el innumerable rebaño de los hombres; el mundo para apacentarlo! Con Marx, señores, la Europa, apenas cristianizada, retrocede al Viejo Testamento. Pero existe Rusia, la santa Rusia, cuyas raíces espirituales son esencialmente evangélicas. Porque lo específicamente ruso es la interpretación exacta del sentido fraterno del cristianismo. En la tregua del eros genesíaco, que sólo aspira a perdurar en el tiempo, de padres a hijos, proclama el Cristo la hermandad de los hombres, emancipados de los vínculos de la sangre y de los bienes de la tierra; el triunfo de las virtudes fraternas sobre las patriarcales. Toda la literatura rusa está impregnada de este espíritu cristiano. Yo no puedo imaginar, señores, una Rusia marxista, porque el ruso empieza donde el marxista acaba. ¡Proletarios del mundo, defendeos, porque sólo importa el gran rebaño de hombres! Así grita todavía el bíblico semental humano. Rusia no ha de escucharle[18].

Machado se detiene en la interpretación de Marx del concepto de justicia, la cual considera trastocada. En esta visión, Marx representa el error en el mensaje cuando llama a la clase obrera a dirigir el mundo. La equivocación a que hace referencia radica en que Cristo llega al

---

[18] Ob. cit., pp. 120-21.

mundo y elige a la humanidad sin ningún tipo de segregación, diferencia que será fundamental respecto del mensaje del Dios de Abraham –los hebreos como pueblo elegido–. En este sentido, Marx representa (en la concepción del autor) un retroceso al Antiguo Testamento, mientras que el mensaje cristiano de sentido universalista marca el Nuevo Testamento. Posteriormente, Mairena se detiene a observar a Rusia, donde reconoce su alma eminentemente cristiana en el sentido puro neotestamentario. Hace un fuerte elogio de sus virtudes cristianas de fraternidad o hermandad, y una clara muestra de simpatía hacía los grandes pensadores rusos del siglo XIX. Cualquier lector, medianamente familiarizado con *Juan de Mairena*, sabría que Machado tenía en mente escritores muy particulares –como Tolstoy o Dostoievski– cuando decía *lo específicamente ruso es la interpretación exacta del cristianismo;* autores que tenían un claro manifiesto de conformidad con el cristianismo civil, y destacaban en sus obras valores solidarios. Finalmente, Mairena presagia la equivocación del pueblo ruso en la adopción del marxismo, porque desvirtuaría el concepto de rebaño elegido – *"sólo importa el gran rebaño de hombres"*–, y traicionaría el auténtico sentido cristiano ruso.

2

Sobre el problema del tiempo, de la muerte, y de la vida más allá de la muerte escribe:

> Porque ¿cantaría el poeta sin la angustia del tiempo, sin esa fatalidad de que las cosas no sean para nosotros, como para Dios, todas a la par, sino dispuestas en serie y encartuchadas como balas de rifle, para ser disparadas una tras otra? Que hayamos de esperar a que se fría un huevo, a que se abra una puerta o que madure un pepino, es algo señores, que merece nuestra reflexión. En cuanto nuestra vida coincide con nuestra conciencia, es el tiempo la realidad última, rebelde al conjuro de la lógica, irreductible, inevitable, fatal. Vivir es devorar el tiempo: esperar; y por muy trascendente que quiera ser nuestra espera, siempre será espera de seguir esperando. Porque, aún la vida beata, en la gloria de los justos, ¿estará si es vida fuera del tiempo y más allá de la espera? Adrede evito la palabra "esperanza", que es uno de esos grandes superlativos con que aludimos a un esperar los bienes supremos, tras de los cuales ya no habría nada que esperar. Es la palabra que encierra un concepto teológico, impropio de una clase de Retórica y Poética. Tampoco quiero hablaros del Infierno, por no impresionar desagradablemente vuestra fantasía. Sólo he de advertiros que allí se renuncia a la esperanza, en el sentido teológico, pero no al tiempo y a la espera de una infinita serie de desdichas. Es el Infierno la espeluznante mansión del tiempo, en

cuyo círculo más hondo está Satanás dando cuerda a un reloj gigantesco por su propia mano[19].

Mairena prefiere no pronunciarse sobre la vida más allá de la muerte, por ser un tema fuera del campo de la retórica. Sin embargo, se encuentra con el fenómeno de la temporalidad de la naturaleza humana –el tiempo como sucesión de hechos–, pregunta que no puede eludir. En la concatenación de su razonamiento, llega a la incógnita sobre la naturaleza atemporal del paraíso, cuestión que evade por razones teológicas no sin antes llegar a la pregunta sobre la naturaleza del infierno. Infierno, entendido por él como una serie de desdichas, implica la renuncia a la esperanza en el sentido teológico, y la esclavitud del tiempo en el sentido fatalista. El razonamiento indirecto del autor nos lleva a concluir que tanto el paraíso como el infierno deberían quedar encuadrados dentro de la naturaleza temporal, a la cual no está sometido Dios.

3

En el siguiente fragmento nos introduce al misterio de la conciencia como una luz:

> Hemos de volver –añadía Mairena– a pensar la conciencia como una luz que avanza en las tinieblas, iluminando lo otro, siempre lo otro... Pero esta concepción tan luminosa de la conciencia, la poética y la más antigua y acreditada de todas, es también la más obscura, mientras no se pruebe que hay una luz capaz de ver lo que ella misma ilumina. Y era esto, acaso, lo que pensaba mi maestro, sin intentar la prueba, cuando aludía a la conciencia divina o a la divinización de la conciencia humana tras de la muerte, en aquellos sus versos inmortales: *Antes me llegue, si me llega, el Día, / la luz que ve, increada.* Por cierto, que en el autógrafo de mi maestro está escrito *vee*, del verbo arcaico *veer.* El cajista debió corregirlo, y mi maestro respetó la corrección, como era su costumbre, renunciando al propósito de llamar la atención sobre el verbo. Pero es evidente que mi maestro comprendía que una luz sin ojos es tan ciega como todo lo demás[20].

Mairena señala la limitación de la conciencia para alcanzar el conocimiento en sentido pleno. Así, este conocimiento "absoluto" nos es negado por la imposibilidad de probar la existencia de la conciencia

---

[19] Ob. cit., p. 129.
[20] Ob. cit., pp. 183-84.

divina, destinándonos a una conciencia oscura. Afirma Abel Martín –su maestro– que únicamente se podrá llegar a la prueba de la existencia de la luz de la conciencia divina mediante el paso de la muerte. Continúa diciendo, una vez llegada la muerte, nos será vedada la conciencia divina por el mismo hecho de nuestra muerte, entendido en el sentido terrenal. Con esto, Mairena nos da a entender que para el caso de los creyentes, a los que igualmente les es imposible demostrar la existencia de Dios, la fe será el medio para aproximarse a esta conciencia divina.

4
Sobre la relación del tiempo y la poesía, escribe:

> Sin el tiempo, esa invención de Satanás, sin ese que llamó mi maestro "engendro de Luzbel en su caída", el mundo perdería la angustia de la espera y el consuelo de la esperanza. Y el diablo ya no tendría nada que hacer. Y los poetas tampoco [21].

Mairena concibe al tiempo –"esa invención de Satanás"– como una imposición al hombre, la frontera que divide lo divino de lo mundano. Nuestra existencia, irremediablemente temporal, supone el sufrimiento como "una sucesión de desdichas", así como la esperanza, "Uno de esos grandes superlativos con que aludimos a un esperar los bienes supremos".

En esta limitación temporal, es importante poder entender la relación del poeta y el tiempo como Machado lo concibe. El rol de los poetas dentro de la cosmovisión machadiana es cantar la experiencia en el tiempo: "la poesía es la palabra esencial en el tiempo"[22]. Así, la poesía, "una honda palpitación del espíritu"[23], ayudará a aliviar la angustia al actuar como una válvula de escape, dejando que el lector y el poeta se desahoguen. Pero más que resignación y lágrimas, la poesía representaría una rebeldía –la oportunidad de explorar nuestro anhelo de inmortalidad o nuestras esperanzas de vida eterna. La poesía es el portal anhelado por el hombre parado en un callejón sin salida: "Pensar es deam-

---

[21] Ob. cit., p. 187.

[22] Antonio Machado, "Poética", en *Poesías completas*, (Madrid: Espasa Calpe, 2002; edición Manuel Álvar), p.81.

[23] Antonio Machado, "A *Soledades*", en *Poesías completas*, (Madrid: Espasa Calpe, 2002; edición Manuel Álvar), p. 78.

bular de calle en calleja, de calleja en callejón, hasta dar en un callejón sin salida. Llegados a este callejón pensamos que la gracia estaría en salir de él. Y entonces es cuando se busca la puerta al campo"[24].

5
La siguiente cita refiere a la comunicación:

> Para hablar a muchos no basta con ser orador de mitin; hay que ser, como el Cristo, hijo de Dios[25].

Machado, a través de Mairena, nos repite un concepto ya evidente; nos recuerda que la fraternidad humana sólo es posible donde existen las condiciones para una comunicación cordial, y que la comunicación cordial sólo es posible entendiéndonos todos como hijos de Dios y hermanos en Cristo. "Aparece clara la enseñanza del Cristo: 'Sólo hay un Padre, padre de todos que está en los cielos'. He aquí el objeto erótico trascendente, la idea cordial que funda, para siempre, la fraternidad humana"[26]. Según lo expuesto por Mairena, la comunicación plena sólo será entendida dentro del convencimiento de "Una convergencia de corazones en un mismo objeto de amor".

6
La siguiente cita pertenece a Abel Martín, donde habla de la "Nada" como una creación divina concreta que el poeta llega a percibir:

> Sostenía mi maestro –sigue hablando Mairena a sus alumnos– que el fondo de nuestra conciencia a que antes aludíamos, no podía ser esta fe nihilista de nuestra razón, y que la razón misma no había dicho con ella la última palabra. Su filosofía, que era una meditación sobre el trabajo poético, le había conducido a muy distintas conclusiones, y, revelándole conclusiones muy otras que las ya enunciadas. Pensaba mi maestro que la poesía, aún la más amarga y negativa, era siempre un acto vidente, de afirmación de una realidad absoluta, porque el poeta cree siempre en lo que ve, cualesquiera sean los ojos con que mire. El poeta y el hombre. Su experiencia vital –y ¿qué otra experiencia puede tener el hombre?– le ha enseñado que no hay vivir sin ver, que sólo la visión es evidencia

---

[24] Antonio Machado, *Juan de Mairena*, (Sevilla: Junta de Andalucía, 1999; edición Pablo del Barco), p. 165.

[25] Ob. cit., p. 188.

[26] Ob. cit., pp. 156-57.

y que nadie duda de lo que ve, sino de lo que piensa. El poeta –añadía– logra escapar de la zona dialéctica de su espíritu, irremediablemente escéptica, con la convicción de que ha estado pensando en la nada, entretenido con ese hueso que le dio a roer la divinidad para que pudiera pasar el rato y engañar su hambre metafísica. Para el poeta sólo hay *ver y cegar, un ver que se ve*, pura evidencia, que es el ser mismo, y un acto creador, necesariamente negativo, que es la misma nada.

De un modo mítico y fantástico lo expresaba así mi maestro:

Dijo Dios: "Brote la Nada".
Y alzó su mano derecha
hasta ocultar su mirada.
Y quedó la Nada hecha.

Anotad esos versos, aunque sólo sea por su valor retórico, como modelo de expresión enfática del pensamiento. Y dejemos para otro día el ahondar algo más en la poética de mi maestro[27].

Antonio Sánchez Barbudo describe el entendimiento de la existencia de la "Nada" en la cosmovisión machadiana: "Del sentimiento de la nada brotaba, para él, metafísica y poesía [...] su ansia de Dios se levanta sobre la conciencia de la nada"[28]. Mairena nos presenta un argumento sólido sobre la diferencia entre la razón y la fe. Nos define la "Nada" como esa dimensión divina que escapa a la percepción sensorial y a la deducción lógica de la razón. El poeta logra la videncia de una realidad absoluta –lo divino– que Martín llama la "Nada". En este estado de conciencia el poeta adquiere una creencia genuina, con lo que escapa de la "zona dialéctica de su espíritu", alcanzado la armonía.

7

Sobre la muerte del filósofo Abel Martín refiere el siguiente fragmento:

Antes me llegue, si me llega, el día,
en que duerma a la sombra de tu mano...

Así expresaba mi maestro un temor, de ningún modo un deseo ni una esperanza: el temor de morir y de condenarse a ser borrado de la luz definitiva-

---

[27] Ob. cit., p. 211.

[28] Antonio Sánchez Barbudo, *Estudios sobre Galdós, Unamuno y Machado,* (Madrid: Guadarrama, 1968) pp. 327-28.

mente por la mano de Dios. Porque mi pobre maestro tuvo una agonía dura, trabajosa y desconfiada –debió de pasar lo suyo en aquel trago a que aludió Manrique–, dudando de su propia poética,

> Antes me llegue, si me llega, el Día...
> a la luz que ve, increada

y más inclinado acaso, hacía el nirvana búdico, que esperanzado en el paraíso de los justos. La verdad es que había blasfemado mucho. Con todo debió de salvarse a última hora, a juzgar por el gesto postrero de su agonía, que fue el de quien se traga literalmente la muerte misma sin demasiadas alharacas[29].

En este fragmento, no queda claro a qué filósofo hace alusión Mairena cuando metafóricamente se refiere a Abel Martín. En un intento por descubrir a quién se refería, sin la certeza del caso, podría haber sido a Unamuno por haber sido el filósofo que más respetaba Machado, y quien a lo largo de su obra descubrió un sentimiento de búsqueda agónica del sentido de su fe. Independientemente de la identificación del personaje, lo cierto es que se refiere al hombre que lleva un espíritu perturbado por no encontrar el sentido de su fe, inclusive lindando con lo hereje. Mairena nos señala el mensaje de perdón en el sentido novotestamentario, una posibilidad de salvación, y de esperanza en la reconciliación con Dios.

8

Esta cita trata nuevamente de la comunicación cordial:

> Extraño y maravilloso mundo ese de la ficción cervantina, con su doble tiempo y su doble espacio, con su doblada serie de figuras –las reales y las alucinatorias– con sus dos grandes mónadas de ventanas abiertas, sus dos conciencias integrales, y, no obstante, complementarias, que caminan y que dialogan. Contra el *solus ipse* de la incurable sofística de la razón humana no sólo Platón y el Cristo, milita también en un libro de burlas, el humor cervantino, todo un clima espiritual que es, todavía, el nuestro. Se comprende que tarde tanto en llegar esa otra gran novela que todos esperamos[30].

---

[29] Antonio Machado, *Juan de Mairena*, (Sevilla: Junta de Andalucía, 1999; edición Pablo del Barco), pp. 214-15.
[30] Ob. cit., p. 219.

"Con sus dos grandes mónadas de ventanas abiertas" se refiere a la idea de dos conciencias que mantienen el diálogo. Mairena utiliza este término de manera intencional en contraposición a Gottfried Wilhelm Leibniz que propone una visión de "mónadas cerradas", considerando que: "Las mónadas son unidades dinámicas con una fuerza interior. No tienen ventanas al exterior pero sí tienen percepción y apetición"[31]. En este fragmento, aprovecha la oportunidad de referirse a Cervantes como ejemplo –en la misma línea de Cristo y Platón– de un escritor que transmite un mensaje que entiende la necesidad de una conciencia abierta para llegar a la comunicación entre los hombres. "Conciencia Abierta" que Mairena considera fundamental en su visión del mundo: "Enseña el Cristo: a tu prójimo / amarás como a ti mismo, / mas nunca olvides que es otro"[32]. El autor nos quiere decir que no se entiende un mensaje de Cristo de amor al prójimo sin la convicción de la existencia independiente del "otro". Es importante tomar en cuenta que en la concepción de Machado Cristo está por encima de cualquier otro autor o personaje. No debiera entenderse a Platón ni a Cervantes al mismo nivel que Cristo, sino que estos autores siguen la misma línea del mensaje cristiano, comprendiendo su verdadero sentido.

9

El siguiente fragmento lo dedica a exponer los fallos de la retórica marxista y de la filosofía utilitarista:

> (Otra vez en el café)
> –Desde cierto punto de vista –decía mi maestro–, nada hay más burgués que un proletario, puesto que, al fin, el proletariado es una creación de la burguesía. Proletarios del mundo –añadía– uníos para acabar lo antes posible con la burguesía y, consecuentemente, con el proletariado.
> –Su maestro de usted, querido Mairena, debía estar más loco que una gavia.
> –Es posible. Pero oiga usted, amigo Tortólez, lo que contaba de un confitero andaluz muy descreído a quien quiso convertir un filósofo pragmatista a la religión de sus mayores.

---

[31] Juan Carlos González García, *Diccionario de la filosofía*, (Madrid: Edaf. 2000), pp. 281-82.
[32] Antonio Machado, *Selected poems*, (Cambridge: Harvard Press; Traductor, Alan S. Trueblood), p. 186.

–De los mayores ¿de quién, amigo Mairena? Porque ese "sus" es algo anfi-bológico.

–De los mayores del filósofo pragmatista, probablemente. Pero escuche usted lo que decía el filósofo. "Si usted creyera en Dios, en un Juez Supremo que había de pedirle a usted cuentas de sus actos, haría usted unos confites mucho mejores que esos que usted vende, y los daría usted más baratos, y ganaría usted mucho dinero, porque aumentaría usted considerablemente su clientela. Le conviene a usted creer en Dios". "Pero ¿Dios existe, señor doctor?" preguntó el confitero. "Eso es cuestión baladí –replicó el filósofo–. Lo importante es que usted crea en Dios". "Pero ¿y si no puedo?" –volvió a preguntar el confitero–. "Tampoco eso tiene demasiada importancia. Basta con que usted quiera creer. Porque de ese modo, una de tres: o usted acaba por creer, o por creer que cree, lo que viene a ser aproximadamente lo mismo, o, en último caso, trabaja usted en sus confiterías como si creyera. Y siempre vendrá a resultar que usted mejora el género que vende, en beneficio de su clientela y en el suyo propio".

–El confitero –contaba mi maestro– no fue del todo insensible a las razones del filósofo. "Vuelva usted por aquí –le dijo– dentro de unos días". Cuando volvió el filósofo encontró cambiada la muestra del confitero, que rezaba así: "Confitería de Ángel Martínez, proveedor de Su Divina Majestad".

–Está bien. Pero conviene saber, amigo Mairena, si la calidad de los confi-tes...

–La calidad de los confites, en efecto, no había mejorado. Pero, lo que decía el confitero a su amigo el filósofo: "Lo importante es que usted cree que ha mejorado, o quiera usted creerlo, o, en último caso, que usted se coma estos confites y me los pague como si lo creyera[33].

Resulta común observar a Mairena haciendo uso del sarcasmo y la forma de diálogo para exponer sus argumentos, en este caso refiriéndo-se a las lecciones de su maestro Abel Martín en una burla hacia el marxis-mo. La relación entre la clase obrera y la capitalista es en sí misma de na-turaleza simbiótica, en la cual no es posible la existencia de una de las dos clases sin la existencia de la otra. La clase obrera se debe a la burgue-sía en cuanto a la creación del trabajo remunerado, mientras que son los trabajadores los que permiten la producción en un sistema capitalista. Así expone su argumento Abel Martín, señalando la falacia del mensaje marxista de la lucha de clases, inconsistente con la interdependencia de estos dos sujetos –proletarios y capitalistas–. En una segunda parte, dirige la atención hacia la filosofía pragmatista utilizando el diálogo entre un fi-lósofo pragmatista y un confitero no creyente. El pragmatista afirma que

---

[33] Ob. cit., p. 223.

no hace falta una convicción real de la existencia de Dios, la fe en un Dios sólo adquiere sentido utilitario para obtener el fin que se busca. Abel Martín se sirve de la deducción lógica pragmatista para dejar entrever la inconsistencia en el razonamiento de las ideologías utilitaristas en materia de fe. En esta oportunidad, el sarcasmo se instrumenta para rebatir las propuestas tanto del marxismo como del pragmatismo. Mairena se propone dejar al descubierto los graves fallos de retórica de ambas líneas de pensamiento; exponiendo que la misma deducción lógica de sus argumentos puede volcarse en su contra, relativizando su validez.

10

Con la intención de alcanzar niveles de pensamiento evolucionados, Mairena manifiesta la necesidad de una reflexión en temas como la "Creación". (Es oportuno recordar que creación divina y creación poética son temas interrelacionados en la obra de Mairena, sobre todo cuando cita a su maestro, el poeta-filósofo Abel Martín).

> Quienes sostenemos la imposibilidad de una creación *ex nihilo,* por razones teológicas y metafísicas, no por eso renunciamos a un Dios creador, capaz de obrar el portento. Porque tan grande hazaña como sería la de haber sacado el mundo de la nada es la que atribuía mi maestro a la divinidad: la de sacar la nada del mundo. Meditad sobre este tema, porque estamos al fin del curso y es tiempo ya de que tratemos cuestiones de cierta envergadura, que implica anchura de vela, si hemos de navegar en los altos mares del pensamiento[34].

La creación *ex nihilo* es la concepción que maneja la ortodoxia cristiana basándose en los libros del Génesis –"de la Nada Dios creó el mundo"–. Por el contrario, Abel Martín no admitía la creación a partir de la Nada, manteniendo una posición más cercana a la postura de los antiguos griegos. En este sentido, se puede decir que posee su propia concepción de la hazaña creadora de la divinidad, atribuyéndole exclusivamente la creación de la "Nada"; concepción que difiere tanto de la de los paganos como de la de los cristianos. Como nos explica el autor en otro pasaje: "del sentimiento de la nada brotaba metafísica y poesía", y agrega, "su ansia de Dios se levanta sobre la conciencia de la nada"[35]. Se

---

[34] Ob. cit., p. 292.

[35] Antonio Sánchez Barbudo, *Estudios sobre Galdós, Unamuno y Machado,* (Madrid: Guadarrama, 1968), p. 327.

recuerda que, para Mairena, la "poesía" y la "metafísica" tienen un fin que trasciende al objetivo de otras disciplinas, como es el llegar al entendimiento de lo divino. De este modo, es el ansia de Dios lo que permite el acto cognoscitivo de la dimensión divina. En terminología abelmartiniana, Dios sería el autor del misterio, o de "la Nada". Mairena nos indica en este párrafo su visión particular de la creación de Dios. Reconoce, de forma expresa, su postura contraria a la posición *ex nihilo*, pero además nos deja claro que reconocería a un Dios creador: "no por eso renunciamos a un Dios creador".

11

A continuación se trata sobre lo que Mairena (Antonio Machado) entiende por el "genuino" espíritu ruso, y vuelve a reclamar una estética solidaria y cristiana, así como la de los grandes literatos rusos decimonónicos.

¿Cabe una comunión cordial entre hombres, que nos permitan [*sic*] cantar en coro, animados de un mismo sentir? Así se plantea el problema de una lírica comunista. Para resolverlo será preciso encontrar un fundamento metafísico en que esta lírica se asiente, una creencia filosófica, ya que una fe religiosa es difícil en nuestro tiempo. Sería necesario creer: primero, que existe un prójimo, otros yos, una pluralidad de espíritus, otras puras intimidades como la nuestra; segundo, que estos espíritus no son mónadas cerradas, incomunicables y autosuficientes, porque entonces no habría sino múltiples soledades que se cantan y escuchan a sí mismas –lírica burguesa; tercero, que existe una realidad espiritual, trascendente a las almas individuales, en la cual éstas puedan comulgar.

Esta lírica comunista, de comunidad humana o de comunión cordial entre hombres, parecía latente en la literatura rusa pre-revolucionaria, de inspiración evangélica. Porque lo ruso, lo específicamente ruso era la interpretación exacta del sentido fraterno del cristianismo. Moscú contra Roma querrá decir entonces muy otra cosa de lo que hoy significa. El ruso, genuinamente cristiano, creía en la fraternidad humana, emancipada de los vínculos de la sangre; el corazón del hombre era para él la mónada fraterna, que por esencia no puede cantar sola, ni bastarse a sí misma, ni afirmarse sin afirmar a su prójimo.

Hoy Rusia abandona los Evangelios, lee a Carlos Marx y habla de un arte proletario. Con ello parece retroceder del Nuevo al Viejo Testamento. La visión profética de Carlos Marx es esencialmente judaica: la prole de Adán repartiéndose los bienes de la tierra. ¡Justicia para el gran rebaño de los hombres! La Rusia actual ha sido de una gran sorpresa para los que pensábamos que el ruso empieza donde acaba el marxista, como empieza el cristiano donde acaba el sentido patriarcal de la historia, el dominio del bíblico semental humano.

Hay razones, acaso, para no esperar de la Rusia actual el arte comunista y la poesía de la comunión fraterna a que aludíamos. Pero hay razones más hondas para no creer demasiado en el marxismo ruso. Es posible que ignoramos cual es la honda y popular interpretación rusa del marxismo. Y lo probable, lo casi seguro es que Rusia no sea tan infiel a sí misma que renuncia a su misión histórica, esencialmente cristianizadora[36].

Este texto sirve para comprender la perspectiva machadiana respecto del marxismo. El análisis del mensaje bien podría descubrir los errores de algunos movimientos marxistas, que pretenden incorporar a Antonio Machado como figura de esta ideología. Por medio de Juan de Mairena, Machado nos proporciona un mensaje claro de su posición en cuanto al marxismo: El marxismo sería como "retroceder del Nuevo al Antiguo Testamento [...] la prole de Adán repartiéndose entre sí los bienes de la tierra". Contrariamente al materialismo marxista, el comunismo que Machado proponía era de corte espiritual, una comunión con el prójimo. La admiración por la cultura rusa por parte de Mairena es ya conocida. En esta oportunidad se refiere al espiritualismo ruso pre-revolucionario como: "El ruso, genuinamente cristiano, creía en la fraternidad humana, emancipada de los vínculos de la sangre; el corazón del hombre era para él la mónada fraterna, que por esencia no puede cantar sola, ni bastarse a sí misma, ni afirmarse sin afirmar a su prójimo". Adicionalmente, sobre la instauración del régimen comunista en Rusia, Mairena no pierde la fe en el despertar del sentir cristiano, y mantiene la esperanza en que el pueblo ruso finalmente reinterprete el mensaje marxista a la luz del espíritu cristiano. En forma acertada, Juan José Coy revela el sentido en que Machado entendía al comunismo cristiano: "[Se trata de] los valores evidentes no ya que cualquier político honesto debe perseguir, sino que cualquier persona bien nacida no deja de reconocer como imperativo de la organización de la convivencia humana, si se quiere que en realidad sea humana. Amor, que es fraternidad; justicia, que es igualdad; conocimiento, que es tanto como decir Cultura; antidogmatismo pero derecho a las propias opiniones y respeto a las opiniones de los demás; libertad radical que es el sentido político, eutópico y casi filosófico, que don Antonio Machado le da al térmi-

---

[36] Antonio Machado, *Juan de Mairena*, (Sevilla: Junta de Andalucía, 1999; edición Pablo del Barco), p. 319.

no 'liberal' –no precisamente en su vertiente económica–. Porque para conseguir esos fines, como se acaba de ver, él espera la República y el Socialismo, incluso un comunismo cristiano de orientación tolstoiana, que él cree encontrar en lo más profundo del alma rusa"[37]. Por lo expuesto en este pasaje, parece evidente afirmar que el pensamiento de Antonio Machado, reflejado en la obra de Juan de Mairena, es claramente a favor del cristianismo, y rechaza al marxismo debido a la supuesta ausencia de fraternidad cristiana.

12

Tratándose sobre la definición cristiana del proletariado y del arte proletario nos dice:

> ¿Un arte proletario? Para mí no hay problema. Todo arte verdadero será arte proletario. Quiero decir que todo artista trabaja siempre para la prole de Adán. Lo difícil sería crear un arte para señoritos, que no ha existido jamás[38].

Los conceptos de igualdad en el sentido cristiano –"la prole de Adán"– se presentan como elementos propios del lenguaje del pensamiento machadiano. En esta oportunidad, al referirse al arte, marca la diferencia respecto de la exclusión que establece el marxismo al circunscribirse únicamente al "proletariado", y también, rechaza de manera explícita todo sentido discriminatorio de "elite" o "clase social". El arte –como expresión humana que pretender llegar a transmitir un mensaje– debe tener un sentido universal; esto es, en una vertiente genesiaca, debe dirigirse a toda la prole de Dios unida en un sentido tanto de ascendencia como de trascendencia.

Este nuevo aspecto en el que se hace referencia a la "prole de Dios", indica que el sentido cristiano de comunicación al prójimo abarca los distintos aspectos de la vida del hombre, desbordando lo meramente religioso y filosófico.

---

[37] Juan José Coy, Ant*onio Machado: fragmentos de biografía*, (Valladolid: Junta de Castilla y León, 1997), pp .138-39 .

[38] Antonio Machado, *Juan de Mairena*, (Sevilla: Junta de Andalucía, 1999; edición Pablo del Barco), p. 332.

13

Nadie como Dostoievski para delatar la hipocresía en el corazón de aquél que es fiel sólo en nombre mas no en obra:

> Acaso tenga alguna razón el Gran Inquisidor de Dostoievski. Creo sin embargo que, contra el hábito de curar con lo semejante propio de nuestra ética pagana ha de darnos el Cristo todavía algunas útiles lecciones alopáticas. Y el Cristo volverá –creo yo– cuando le hayamos perdido totalmente el respeto; porque su humor y su estilo vital se avienen mal con la solemnidad del culto. Cierto que el Cristo se dejaba adorar, pero en el fondo le hacía poca gracia. Le estorbaba la divinidad –por eso quiso nacer y vivir entre los hombres– y, si vuelve, no debemos recordársela. Tampoco hemos de recordarle la Cruz… Aquello debió ser algo horrible, en efecto. Pero, ¡tantos siglos de crucifixión!… Él quiso morir, sin duda, de una manera impresionante, pero ¡no tanto! Volverá el Cristo a nacer entre nosotros, los escépticos, que guardamos todavía un rescoldo de buena fe. Todo lo demás, es ceniza: no sirve ya para nueva hoguera[39].

Quiero detenerme un momento para explicar la alusión a Dostoievski que realiza el autor. Los personajes de la obra del escritor ruso se caracterizan por su mal carácter, quienes en determinados momentos (véase, por ejemplo, *El Idiota*) se dirigirán al Cristo regresado a la tierra con regaños: "Por qué vienes a molestarnos". Con esto, Mairena nos transmite, al igual que Dostoievski, la crítica a la hipocresía de los "fieles" que, en su visión, no serían capaces de entender al Cristo si retornara al mundo. Mairena nos daría a conocer a un Cristo más cercano al hombre, un Cristo que no se siente bien con la distancia que marca la solemnidad de la adoración, ni tampoco con la traición a la esencia cristiana que para el autor significa la crucifixión. Un Cristo más cercano al hombre lo podrán entender quizás los que realmente arriben a una convicción genuina de su fe, los mismos que los piadosos tacharían de infieles – los escépticos.

14

A continuación, se cita nuevamente al espíritu intrínsecamente cristiano del pueblo ruso:

> Roma es un poder del Occidente programático, un poder contra el Cristo, que tiene del Cristo lo bastante para defenderse de él. *Similia similibus curan-*

---

[39] Ob. cit., p. 366.

tur. Entre Moscou [*sic*], profundamente cristiano, y Roma, profundamente pagana, es Roma la que defiende al Cristo, como quien defiende la ternera para su vacuna. Moscou, en cambio, se inyecta a Carlos Marx. Pero cuando triunfe Moscou, no lo dudéis, habrá triunfado el Cristo[40].

Se presenta nuevamente un elogio a la espiritualidad del pueblo ruso, tal como lo entendía Machado en las grandes novelas rusas del siglo XIX, específicamente en las narrativas de Tolstoy. El comunismo cristiano a lo Tolstoy, como ya se ha mencionado anteriormente, supone el modelo de partida para las formulaciones de su propia ética. Mairena se mantendrá siempre admirador del espiritualismo cristiano de este pueblo, y con la convicción de que el marxismo nunca consumirá lo "esencialmente ruso". Adicionalmente, el autor contrapone la hipocresía del cristiano de occidente, Roma, que instrumenta su creencia en Cristo de manera utilitaria.

TEOLOGÍA Y FILOSOFÍA

Los puntos clave que destacaremos en esta sección, entre otros, serán: (a) La superación del solipsismo se basa en nuestra filiación divina; (b) Cristo abrió el camino para la comunicación y la convivencia cordiales; (c) La denuncia a los grandes teóricos "bélicos" del siglo XIX –e.g. Nietzsche, Spencer, Darwin– porque construyeron consciente e inconscientemente la base filosófica para las terribles guerras de las primeras décadas del siglo XX.

1

Refiriéndose al amor de Dios, dice:

> Nuestro amor a Dios –decía Spinoza– es una parte del amor con que Dios se ama a sí mismo. "¡Lo que Dios se habría reído –decía mi maestro– con esta graciosa y gedeónica reducción al absurdo del concepto del amor!" Los grandes filósofos son los bufones de la divinidad[41].

El argumento básico es una crítica a la filosofía ingenuamente racionalista que pretende un intelecto humano capaz de dar respuestas a

---

[40] Ob. cit., p. 393.
[41] Ob. cit., p. 112.

casi todo lo humano y lo divino. Machado, en referencia al panteísta Spinoza, a quien respeta como filósofo, muestra su desacuerdo por el abuso del instrumento de la razón pura en la intención por explicar temas como el amor a Dios. Al respecto, en relación al término *gedeónica* utilizado, Pablo del Barco explica: "*Gedeón*: semanario humorístico publicado entre 1895 y 1912 que se subtituló, 'El periódico de menos circulación de España'. Gedeón es un personaje ocurrente y malicioso, al que a veces acompaña un tal Calines"[42]. Con esto, Machado expone que tal abuso de la lógica podría ser considerado cómico, absurdo, o casi como malicioso.

2

En otro fragmento trata sobre la filosofía bélica y el advenimiento del Cristo:

> –El hombre ha venido al mundo a pelear. Es uno de los dogmas esencialmente paganos de nuestro siglo –decía Juan de Mairena a sus discípulos.
> –¿Y si viene el Cristo, maestro?
> –Ah, entonces se armaría la de Dios es Cristo[43].

En este diálogo hace uso del absurdo para exponer su mensaje principal. Ubicado en el contexto temporal, Machado solía poner en boca de Mairena frases antibélicas profetizadoras de la guerra de Europa o de la guerra civil española; de modo que, se podría entender como un mensaje contrario a la violencia, y anticipador de los conflictos armados de gran escala del siglo XX. Así, refiere de forma indirecta a las filosofías bélicas del siglo XIX procedentes mayoritariamente de Alemania (e.g. Nietzsche: *la voluntad de poder*) y de Inglaterra (e.g. Spencer: el *struggle for life*). A lo que añade la frase *Dios es Cristo*, que según explicación propuesta por Pablo del Barco: "La expresión tiene su origen en las polémicas que se organizaron en el concilio de Nicea, en torno a la doble naturaleza divina y humana de Jesucristo"[44]. Con esto, Machado nos conduce hacia el razonamiento al absurdo, planteándonos la paradoja: si Cristo es humano, por su doble naturaleza –Dios y

---

[42] Ob. cit, p. 507, Nota 3.
[43] Ob. cit, p. 114.
[44] Ob. cit., p. 507, Nota 9.

Hombre–, y el ser humano es de naturaleza bélica, según definen los filósofos de la época, entonces, el fin de la humanidad y de Dios es auto-destructivo.

3

Un fragmento humorístico sobre la existencia de Dios descubre un gesto típicamente machadiano:

> –Hoy traemos, señores, la lección 28, que es la primera que dedicamos a la oratoria sagrada. Hoy vamos a hablar de Dios. ¿Os agrada el tema?
> Muestras de asentimiento en la clase.
> –Que se pongan en pie todos los que crean en Él.
> Toda la clase se levanta, aunque no toda con el mismo ímpetu.
> –¡Bravo! Muy bien. Hasta mañana señores.
> –¿...?
> –Que pueden ustedes retirarse.
> –¿Y qué traemos mañana?
> –La lección 29: "De la posible inexistencia de Dios"[45].

No me detendré excesivamente en la evaluación de este diálogo; sin embargo, es importante resaltar la renuncia del maestro a discutir un tema donde existe unanimidad sobre la verdad. Machado utilizará este recurso con relativa frecuencia para evitar el debate en temas de esta naturaleza, a lo que llama *no predicar a los convencidos*. Por otro lado, también se niega a abandonar la reflexión y propone discutir la antítesis: la del ateo. De esta forma, expone a sus alumnos que los asuntos metafísicos no deberán ser asumidos por la mera existencia de convenciones sociales. Más aún, exige la reflexión exhaustiva allende las convenciones sociales o suposiciones personales.

4

En otro fragmento trata de la cuestión de la existencia de Dios desde los distintos puntos de vista realistas y nominalistas:

> Es muy probable que el argumento ontológico o prueba de la existencia de Dios no haya convencido nunca a nadie, ni siquiera al mismo San Anselmo, quien, según se dice, lo inventó. No quiero con esto daros a entender que pienso yo que el obispo de Canterbury era hombre descreído, sino que, casi seguramente, no fue hombre que necesitase de su argumento para creer en Dios. Tampoco

---

[45] Ob. cit., p. 138.

habéis de pensar que nuestro tiempo sea más o menos descreído porque el tal argumento haya sido refutado alguna vez, lo cual, aunque fuese cierto, no sería razón suficiente para descreer en cosa tan importante como la existencia de Dios. Todo esto es de tan clavo pasado, que hasta las señoras –como decía un ateneísta– pueden entenderlo. No es aquí, naturalmente, adonde yo quería venir a parar, sino a demostraros que el famoso argumento o prueba venerable de la existencia de Dios no es, como piensan algunos opositores a cátedras de Filosofía, una trivialidad, que pueda ser refutada por el sentido común. Cuando ya la misma escolástica, que engendró el famoso argumento, creía haberlo aniquilado, resucita en Descartes, nada menos. Descartes los hace suyo y lo refuerza con razones que pretenden ser evidencias. Más tarde Kant, según es fama, le da el golpe de gracia, como si dijéramos: lo descabella en pulso en la Dialéctica trascendental de su *Crítica de la razón pura*. Con todo, el famoso argumento ha llegado hasta nosotros, atravesando ocho siglos –si no calculo mal–, puesto que todavía nos ocupamos de él, y en una clase que ni siquiera es de Filosofía, sino de Retórica.

Permitid o, mejor, perdonad que os lo exponga brevemente. Y digo *perdonad* porque, en nuestro tiempo, se puede hablar de la esencia del queso manchego, pero nunca de Dios, sin que se nos tache de pedantes. "Dios es el ser insuperablemente perfecto –*ens perfectissimum*– a quien nada puede faltarle. Tiene, pues, que existir, porque si no existiera le faltaría una perfección: la existencia, para ser Dios. De modo que un Dios inexistente, digamos, mejor, *no existente*, para evitar equívocos, sería un Dios que no llega a ser Dios. Y esto no se le ocurre ni a el que asó la manteca". El argumento es aplastante. A vosotros, sin embargo, no os convence; porque vosotros pensáis con el sentido común –entendámonos, el común sentir de nuestro tiempo–, que "si Dios existiera, sería, en efecto, el ser perfectísimo que pensamos de Él; pero de ningún modo en el caso de no existir". Para vosotros queda por demostrar la existencia de Dios, porque pensáis que nada os autoriza a inferirla de la definición o esencia de Dios.

Reparad, sin embargo, en que vosotros no hacéis sino oponer una creencia a otra; y en que los argumentos no tienen aquí demasiada importancia. Dejemos a un lado la creencia en Dios, la cual no es, precisamente, ninguna de las dos que intervienen en este debate. El argumento ontológico lo ha creado una fe racionalista de que vosotros carecéis, una creencia en el poder mágico de la razón para intuir lo real, la creencia platónica en las ideas, en el ser de lo pensado. El célebre argumento no es una prueba; pretende ser –como se ve claramente en Descartes– una evidencia. A ella oponéis una fe agnóstica, una desconfianza de la razón, una creencia más o menos en su ceguera para lo absoluto. En toda cuestión metafísica, aunque se plantee en el estadio de la lógica, hay siempre un conflicto de creencias encontradas. Porque todo es creer, amigos, y tan creencia es el *sí* como el *no*. Nada importante se refuta ni se demuestra, aunque se pase de creer lo uno a creer lo otro. Platón creía que las cosas sensibles eran copias más o menos borrosas de las ideas, los cuales eran, a su vez, los verdaderos originales. Vosotros creéis lo contrario; para vosotros lo borroso y descolorido son las ideas; nada hay para vosotros, en cambio, más original que un queso de bola, una rosa, un pájaro, una lavativa. Pero daríais prueba de incapacidad filosófica si pensaseis que el propio Kant ha demostrado nada contra la existencia de Dios, ni siquiera contra el famoso argumento. Lo que Kant demuestra, y sólo a medias, si se tiene en cuenta la totalidad de su obra, es que él no cree en más intuición que la sensible, ni en otra existencia que la espaciotemporal. Pero ¿cuántos grandes filósofos, antes y después de Kant, no han jurado por la intuición intelectiva, por la realidad de las ideas, por el verdadero ser de lo pensado?

–*Universalia sunt nomina.*

–En efecto, eso es lo que usted cree[46].

¿Se debe creer en la realidad de los universales –el mundo de las ideas– relegando las cosas sensibles a meras copias, o se debe creer exclusivamente en la realidad del mundo sensible negando la realidad del mundo de las Ideas? Pablo del Barco explica la frase *Universalia sunt nomina*: "*Las ideas universales son sólo nombres.* Teoría nominalista que considera los universales como meras abstracciones o términos, frente al realismo que propugna la existencia real de los universales"[47]. A lo largo del tiempo, los filósofos (realistas, nominalistas o idealistas) han intentado demostrar respectivamente la existencia de Dios; sin embargo, como concluye Mairena, lo único que han logrado demostrar son sus propias creencias: "en toda cuestión metafísica, aunque se plantee en el estadio de la lógica, hay siempre un conflicto de creencias encontradas". En posición del autor, "la creencia en Dios" –lo único probado para él– no es en sí misma una prueba de la existencia de Dios, la cual, en última instancia, es cuestión de fe. Se podría decir que el autor adopta una posición diferente respecto de las dos corrientes filosóficas. Algunos nominalistas han intentado rebatir ciertos argumentos escolásticos de la existencia de Dios, pero ambos fallan al encuadrar tal explicación dentro de la razón humana. Tal vez, desde esta perspectiva, cobre mayor sentido la frase del autor: *los grandes filósofos son los bufones de la divinidad.*

5

Al tratar del Cristo y de su mensaje de fraternidad humana universal, nos dice:

---

[46] Ob. cit., pp. 152-54.
[47] Ob. cit., p. 512, Nota 65.

Grande hazaña fue el platonismo –sigue hablando Mairena–, pero no suficiente para curar la soledad del hombre. Quien dialoga, ciertamente, afirma a su vecino, al otro yo; todo manejo de razones –verdades o supuestos– implica convención entre sujetos, o visión común de un objeto ideal. Pero no basta la razón, el invento socrático, para crear la convivencia humana; ésta precisa también la comunicación cordial, una convergencia de corazones en un mismo objeto de amor. Tal fue la hazaña del Cristo, hazaña prometeica y, en cierto sentido satánica. Para mi maestro Abel Martín fue el Cristo un ángel díscolo, un menor en rebeldía contra la norma del Padre. Dicho de otro modo: fue el Cristo un hombre que se hizo Dios para expiar en la cruz el gran pecado de la Divinidad. De este modo, pensaba mi maestro, la tragedia del Gólgota adquiere nueva significación y mayor grandeza.

El Cristo, en efecto, se rebela contra la ley del Dios de Israel, que es el dios de un pueblo cuya misión es perdurar en el tiempo. Este dios es la virtud genésica divinizada, su ley sólo ordena engendrar y conservar la prole. En nombre de este dios de proletarios fue crucificado Jesús, un hijo de nadie, en el sentido judaico, una encarnación del espíritu divino, sin misión carnal que cumplir. ¿Quién es este hijo de nadie, que habla de amor y no pretende engendrar a nadie? ¡Tanta sangre heredada, tanto semen gastado para llegar a esto! Así se revuelven con ira proletaria los hijos de Israel contra el Hijo de Dios, el hermano del Hombre. Contra el sentido patriarcal de la historia, milita la palabra del Cristo.

Si eliminamos de los Evangelios cuanto en ellos se contiene de escoria mosaica, aparece clara la enseñanza del Cristo: "Sólo hay un Padre, padre de todos que está en los cielos". He aquí el objeto erótico trascendente, la idea cordial que funda, para siempre, la fraternidad humana. ¿Deberes filiales? Uno y no más: el amor de radio infinito hacia el padre de todos, cuya impronta, más o menos borrosa, llevamos todos en el alma. Por lo demás, sólo hay virtudes y deberes fraternos. El Cristo, por el mero hecho de nacer, otorga el canuto, licencia, para siempre, al bíblico semental judaico. Y como triunfa Sócrates de la sofística protagórica, alumbrando el camino que conduce a la idea, a una obligada comunión intelectiva entre los hombres, triunfa el Cristo de una sofística erótica, que fatiga las almas del mundo pagano descubriendo otra suerte de universalidad: la del amor. Ellos son los dos grandes maestros de dialéctica, que saben preguntar y aguardar las respuestas. No son dos charlatanes ni dos pedantes. Charlatán y pedante es sólo quien habla y ni siquiera se escucha a sí mismo. Pero la dialéctica del Cristo es muy otra de la socrática, y mucho más sutil y luminosa. De ella hablaremos otro día, cuando nos ocupemos de "La mujer, como invención del Cristo"[48].

---

[48] Ob. cit., pp. 156-57.

Referencias a mensajes como éste sirvieron a algunos autores para calificar en forma errónea a Antonio Machado como "blasfemo". En opinión personal, a la luz de las ideas expuestas a lo largo de sus obras, Mairena se sirve de figuras literarias para transmitir que Cristo propone un mensaje nuevo que rompe con los antiguos parámetros. El mensaje de Cristo se basa en la nueva comunicación fraterna de sentido universal – *"convergencia de corazones en un mismo objeto de amor"*–, en contraposición al mensaje materialista que evoca la razón que no permite la convivencia humana plena. Mairena reconoce que Platón acierta al plantear el diálogo socrático; sin embargo, expone la limitación de la razón "socrática" para la comunicación cordial, diálogo que sólo admite la transmisión de ideas. De forma similar, al referirse a Cristo como "un ángel díscolo", muchos autores calificarían a Machado de blasfemo. En este punto, convengo en reconocer su heterodoxia; sin embargo, hay que entender que su mensaje es que Cristo reinterpretó la ley del Dios de Israel al tener como pueblo elegido a toda la humanidad, superando el pacto restrictivo con el pueblo hebreo del Antiguo Testamento, y en esto no hay herejía ni heterodoxia. Finalmente, concluye afirmando que Cristo representa la verdadera dialéctica: "descubriendo otra suerte de universalidad: la del amor", en otras palabras: "Solo hay un Padre, padre de todos que está en los cielos". He aquí el objeto erótico trascendente, la idea cordial que funda, para siempre, la fraternidad humana"; hecho singular que ha de facilitar la creación de la auténtica convivencia humana –de diálogo y de tolerancia.

6

De los *dioses apócrifos,* reniega Juan de Mairena:

Porque se avecinan tiempos duros, y los hombres se aperciben a luchar –pueblos contra pueblos, clases contra clases, razas contra razas–, mal año para los sofistas, los escépticos, los desocupados y los charlatanes. Se recrudecerá el pensar pragmatista, quiero decir el pensar consagrado a reforzar los resortes de la acción. ¡Hay que vivir! Es el grito de bandera, siempre que los hombres se deciden a matarse. Y la chufla de Voltaire: *Je n'en vois pas la nécessité* no hará reír, ni, mucho menos, convencerá a nadie. Y esta cátedra mía –la de Retórica, no la de Gimnasia– será suprimida de real orden, si es que no se [*sic*] persigue y condena por corruptor de la juventud.

[...]

O por enemigo de los dioses. De los dioses en que no se cree. Porque no hay que olvidar lo que tantas veces dijo mi maestro: "Nada hay más temible que el celo sacerdotal de los incrédulos". Dicho de otro modo: "Que Dios nos libre de los dioses apócrifos", en el sentido etimológico de la palabra: de los dioses ocultos, secretos, inconfesados. Porque éstos han sido siempre los más crueles, y, sobre todo, los más perversos; ellos dictan los sacrificios que se ofrendan a los otros dioses, a los dioses de culto oficialmente reconocido[49].

Este pasaje se entiende en el contexto de las grandes guerras del siglo XX de Europa. Sobre esto, advierte de la existencia de "sacerdotes incrédulos" (e.g. Voltaire, Nietzsche, Marx, etc.) que inducen en nombre de principios falsamente enaltecidos a desastres de la humanidad. Añade que se suprimirá el pensar crítico en pos de un "pensar pragmatista" que promueva la acción entendida como violencia. Machado no reprime su sentimiento de indignación y alarma sobre las consecuencias de filosofías extremistas.

> El Cristo, muriendo en la cruz para salvar al mundo, no es el mismo que el mundo crucificando al Cristo para salvarse. Aunque el resultado fuera el mismo... no es lo mismo[50].

Continuando con las profecías sobre las guerras a punto de estallar en el continente, el autor culpabiliza a las llamadas *filosofías de la acción*. El pensamiento de Mairena nos revela la diferencia entre un sacrificio de entrega en busca del beneficio al prójimo, contrapuesto al sacrificio del prójimo que busca el beneficio propio. En esta misma línea, Mairena escribe: "En cuanto al sacrificio de Ifigenia, todas mis simpatías están...con Clitemnestra", en su intención de ofrecernos una explicación adicional de su desaprobación al sentido pragmatista-materialista que profesan las *filosofías de la acción*, totalmente contrarias a la prédica altruista de entrega cristiana.

7

A continuación trata sobre la filosofía y su independencia adquirida en el tiempo:

> Como *ancilla theologiae*, criada de la Teología, fue definida la filosofía de los siglos medios, tan desacreditada en nuestros días. Nosotros, nada segu-

---

[49] Ob. cit., pp. 186-87.
[50] Ob. cit., p. 187.

ros de la emancipación de nuestro pensamiento, no hemos de perder el respeto a una criada que, puesta a servir, supo elegir un ama digna de tal nombre. Que no se nos pida, en cambio, demasiado respeto para el pensar pragmatista aunque se llame católico, para despistar; porque ese es el viudo de
aquella criada, un viejo verde más o menos secretamente abarraganado con
su cocinera[51].

En un primer análisis del pasaje se capta cierta nostalgia pro-esco-
lástica del autor: se descubre un elogio moderado de la filosofía al servicio de la Teología, y una crítica explícitamente negativa a las filosofías
modernas supuestamente emancipadas como se consideraba al pragmatismo. Sin embargo, en el mensaje principal del párrafo, Machado
trasciende la intención de una apología escolástica, dirigiendo su crítica a los grandes filósofos modernos que adoraban a dioses apócrifos de
la razón humana. Estos filósofos, excesivamente seguros de la capacidad de la lógica humana como instrumento para alcanzar la verdad, re-
chazan totalmente la filosofía de corte cristiano; alejándose de Dios y,
con esto, relegando la esencia espiritual del hombre. El autor en este
fragmento no aboga por un retorno a la escolástica medieval; más bien,
demanda a los filósofos modernos que sean más humildes y reconside-
ren la contingencia del ser humano en Dios. Así, Machado se muestra
escéptico en cuanto al mensaje de las filosofías pragmáticas, positivistas
o utilitaristas.

8

En el siguiente párrafo trata sobre la implacable voluntad divina:

> Aunque Judas no hubiese existido –decía mi maestro–, el Cristo habría si-
> do entregado, primero, y crucificado, después. El mismo amor de sus discípu-
> los, la ingenuidad de Pedro... ¡Quién sabe! De todos modos, la tragedia divina
> se habría consumado, porque, tal era la voluntad más alta. Os digo esto sin la
> más leve intención de exculpar o defender a Judas Iscariote. Porque hasta ahí
> no podemos llegar[52].

¿Fatalismo o determinismo? Muchos estudiosos de Machado repa-
raron en fragmentos como el citado para calificar el pensamiento del
autor como fatalista. Un análisis en este sentido no guardaría coheren-

---

[51] Ob. cit., p. 196.
[52] Ob. cit., p. 198.

cia con la cosmovisión del espiritualismo moral machadiano sólidamen-
te estructurado a lo largo su obra, por lo que sería una reducción sim-
plista el calificar de determinista el sentimiento de Mairena. En la intención de ahondar en el análisis, me permitiré ubicar las frases citadas por
Mairena en este párrafo dentro del contexto de la obra y pensamiento
de Machado. "De todos modos, la tragedia divina se habría consumado,
porque tal era la voluntad más alta" nos comunica la idea de una voluntad suprema de entrega o de salvación que busca salvar a la humanidad;
siendo esta uno de los fundamentos que repite en forma reiterada en su
espiritualismo moral. Adicionalmente, nos dice: "Entregado primero y
crucificado después", aludiendo a la negación del mensaje de Cristo, en
forma reiterada y agravada, de las personas que ignoran el mensaje fraternal y universal del cristianismo. Con esto, Mairena hace una crítica a
los cristianos que no llevan su fe en forma auténtica y leal al verdadero
mensaje. Finalmente, cuando se refiere a los discípulos de Cristo, Mairena se dirige al mundo creyente que traiciona el mensaje cristiano en el
pobre amor que profesan. Así, la ingenuidad de Pedro sería la desho-
nestidad, e hipocresía de los sentimientos, entonces lo fatal sería nuestra tendencia a traicionarnos a nosotros mismos, crucificando al Cristo
en nuestras propias almas.

9

En otro fragmento vuelve a abordar el tema de "la nada" con relación a la fe de las sectas místicas condenadas por la Iglesia:

> Y éste era uno de los caminos, el puramente lógico, o el de reducción al
> absurdo de la propia lógica, por donde llegaba mi maestro, al gran asombro de
> la nada, tan esencial en su poética. Porque la nada antes nos asombra –decía mi
> maestro, jugando un poco del vocablo– que nos ensombrece, puesto que antes
> nos es dado gozar de la sombra de la mano de Dios y meditar a su fresco oreo,
> que adormirnos en ella, como desean las malas sectas de los místicos, tan razo-
> nablemente condenadas por la Iglesia[53].

Una visión completa sobre la posición del hombre es la que nos
ofrece Mairena. Para el autor existen dos opciones fundamentales: la fe
o la razón. En este sentido, nos dice que la fe es una gracia divina de la

---

[53] Ob. cit., p. 214.

que gozamos. Sin embargo, advierte que, como gracia divina, debemos ser responsables de ella, y no dejarnos sorprender por una fe narcótica propia de malas sectas místicas que trastocan esta gracia divina concedida. Se puede entender que Mairena hace una diferencia entre una fe que ilumina y una fe que ciega.

10
En el próximo fragmento se trata de la verdadera convicción:

> *(Sobre otros aspectos de la Escuela de Sabiduría).*
> Las religiones históricas –habla Mairena a sus alumnos–, que se dicen reveladas, nada tendrían que temer de nuestra Escuela de Sabiduría; porque nosotros no combatiríamos ninguna creencia, sino que nos limitaríamos a buscar las nuestras. Nosotros sólo combatimos, y no siempre de un modo directo, las creencias falsas, es decir, las incredulidades que se disfrazan de creencias. Usted puede, señor Martínez...
> –Presente.
> –Creer en el infierno hasta achicharrarse en él anticipadamente; pero de ningún modo recomendar a su prójimo esa creencia, sin una previa y decidida participación en ella. No sé si comprende usted bien lo que le digo. Nosotros militamos contra una sola religión, que juzgamos irreligiosa: la masa perversa que tiene encanallado a todo el Occidente. Llamémosle *pragmatismo,* para darle el nombre elegido por los anglosajones del Nuevo Continente, que todavía ponen el mingo en el mundo, para bautizar una ingeniosa filosofía o, si os place, una ingeniosa carencia de filosofía. La palabra pragmatismo viene un poco estrecha a nuestro concepto, porque nosotros aludimos con ella a la religión natural de casi todos los granujas, sin distinción de continentes. Quisiéramos nosotros contribuir, en la medida de nuestras fuerzas, a limpiar el mundo de hipocresía, de *cant* inglés, etcétera...[54]

A la luz de las ideas expuestas por Mairena en este fragmento no se podría calificar a su creador de contrario a religión alguna, como lo sugieren algunos autores. Este párrafo nos permite conocer de cerca el respeto de Machado por las "religiones históricas [...] que se dicen reveladas" –entre las cuales se encuentra el cristianismo–, cuando afirma que "nada tendrían que temer de nuestra Escuela de Sabiduría". Mairena expresa la intención de la "Escuela de Sabiduría" como la búsqueda de una creencia propia, aunque contraria a combatir creencias ajenas.

---

[54] Ob. cit., p. 234.

En este sentido, entiende como creencia auténtica la que es posible de recomendar sólo en la medida que exista una genuina participación de ella. Sobre esto, el autor hace un llamado a la verdadera convicción: "Quisiéramos nosotros contribuir, en la medida de nuestras fuerzas, a limpiar el mundo de hipocresía". Esta cita podría alcanzar la categoría de declaración de respeto a las religiones reveladas, luego de lo cual no daría lugar fácilmente al calificativo de ateo o agnóstico que algunos autores han ensayado erróneamente.

11

En un escrito sobre el antagonismo entre la fe religiosa y la fe metafísica en el *solus ipse*, nos dice:

> Y yendo a lo que iba, os diré: podemos encontrarnos en un estado social minado por una fe religiosa y otra fe metafísica francamente contradictorias. Por ejemplo, frente a nuestra fe cristiana –una "videncia" como otra cualquiera– en un Dios paternal que nos ordena el amor a su prole, de la cual somos parte, sin privilegio alguno, milita la fe metafísica en el *solus ipse* que pudiéramos formular; "nada es en sí sino yo mismo, y todo lo demás, una representación mía, o una construcción de mi espíritu que se opera por medios subjetivos, o una simple constitución intencional del puro yo, etcétera, etcétera". En suma, tras la frontera de mi yo empieza el reino de la nada. La heterogeneidad de estas dos creencias ni excluye su contradicción ni tiene reducción posible a denominación común. Y en el terreno de los hechos, a que usted quería llevarnos, donde no admiten conciliación alguna. Por el *ethos* de la creencia metafísica es necesariamente autoerótico, egolátrico. El yo puede amarse a sí mismo con amor absoluto, de radio infinito. A esta conclusión *d'enfants terribles* –¿y qué otra cosa somos?– de la lógica hemos llegado. Y reparad ahora en que el "ama a tu prójimo como a ti mismo y aún más, si fuera preciso", que tal es el verdadero precepto cristiano, lleva implícita una fe altruista, una creencia en la realidad absoluta, en la existencia en sí del otro yo. Si todos somos hijos de Dios –hijosdalgo, por ende, y ésta es la razón por el orgullo modesto a que he aludido más de una vez–, ¿cómo he de atreverme, dentro de esta fe cristiana, a degradar a mi prójimo tan profunda y sustancialmente que le arrebate el ser en sí para convertirlo en mera representación, en puro fantasma mío?
>
> –Y en un fantasma de mala sombra –se atrevió a observar el alumno más silencioso de la clase.
>
> –¿Quién habla? –preguntó Mairena.
>
> –Joaquín García, oyente.
>
> –¡Ah! Decía usted...?
>
> –En un fantasma de mala sombra, capaz de pagarme en la misma mone-

da. Quiero decir que he de pensarlo como un fantasma mío que puede a su vez convertirme en un fantasma suyo.

–Muy bien, señor García –exclamó Mairena–; ha dado usted una definición un tanto gedeónica, pero exacta, del otro yo, dentro del *solus ipse*: un fantasma de mala sombra, realmente inquietante[55].

"Tras la frontera de mi yo empieza el reino de la nada", el lema del solipsismo. "Una fe altruista, una creencia en la realidad absoluta, en la existencia en sí del otro yo", el precepto cristiano. Posturas divergentes desde donde se libra una guerra donde no hay tregua ni reconciliación posible: "La heterogeneidad de estas dos creencias ni excluye su contradicción ni tiene reducción posible a denominación común". ¿En qué banda milita Juan de Mairena (o, su creador, Antonio Machado)? No hay un consenso al respecto entre los autores. Algunos afirmaban que Antonio Machado era un creyente firme en la realidad absoluta de su prójimo (e.g. José Luis Abellán[56]); mientras que otros creían que era un escéptico renegado que pese a sus intenciones jamás pudo superar el solipsismo en nivel alguno, teórico o práctico (e.g. Antonio Sánchez Barbudo[57]). Fundado en el estudio del pensamiento de Antonio Machado que aquí se expone, postulo que el autor tenía una sólida convicción en la existencia absoluta del prójimo; intuición que supo integrar tanto en su obra literaria como en su vida cotidiana. Machado, hablándonos por boca de Juan de Mairena, defiende repetidas veces el precepto cristiano sobre el prójimo. Probablemente, la causa que suscita entre los autores la confusión sobre su verdadera creencia radica en que Machado se re-

[55] Antonio Machado, *Juan de Mairena*, (Sevilla: Junta de Andalucía, 1999; edición Pablo del Barco), p. 246.

[56] "Todos los esfuerzos intelectuales de Machado, especialmente a través de sus apócrifos, van a consistir en el intento de superar lo que él llamaba el *solus ipse*, el subjetivismo filosófico del que no veía manera de salir. Nuestra opinión es que lo logró de un modo original, anticipándose incluso a algunos de los pensadores más eminentes de nuestra época, aunque Machado a veces ni siquiera se atreviese a confesarlo así por exceso de modestia e incluso afirmase lo contrario", José Luis Abellán, *Historia del pensamiento Español, de Séneca a nuestros días*, (Madrid: Espasa. 1996), p. 537.

[57] "Machado era un idealista que, inconforme con su soledad, buscaba en vano escapar del solipsismo. Era en último término un idealista, aunque se resistiera a admitirlo. Y en esto, una vez más, la posición de Machado no es muy diferente a la de otros filósofos contemporáneos suyos", Antonio Sánchez Barbudo, *Estudios sobre Galdós, Unamuno y Machado*, (Madrid: Guadarrama, 1968), p. 346.

siste a argüir el tema de manera dogmática, prefiriendo un planteamiento dialéctico. "Si todos somos hijos de Dios –hijosdalgo, por ende, y ésta es la razón por el orgullo modesto a que he aludido más de una vez–, ¿cómo he de atreverme, dentro de esta fe cristiana, a degradar a mi prójimo tan profunda y sustancialmente que le arrebate el ser en sí para convertirlo en mera representación, en puro fantasma mío". No cabe duda que esta frase contiene la esencia de las verdaderas creencias morales de Antonio Machado. En la misma línea el poeta alude reiteradamente al orgullo modesto de ser todos hijos de Dios, y dignos por lo tanto de ser concebidos cada uno con existencia propia. La intervención del "oyente", con el que cierra el fragmento, debiera terminar por borrar las dudas que ensombrecen la posición de Machado. Con motivo de la intervención del alumno, concluye cual sería la consecuencia inevitable del pensamiento solipsista sobre la sociedad: el individualismo de este pensamiento es capaz de reducir al mismo individuo que lo profesa a una simple proyección del pensamiento de otro individuo insignificante para sus semejantes, una realidad –según Mairena– "realmente inquietante".

12
Sobre el folklore religioso de la tierra española:

> Si estudiaseis el folklore religioso de nuestra tierra, os encontraríais con que la observación del orden impasible de la Naturaleza hace creyentes a muchos de nuestros paisanos, y descreídos a otros muchos. Y es que en esto, como en todo, hay derechas e izquierdas. "*Siento que no haiga Dios* –oí decir una vez–, porque eso de que todo en este mundo se tenga de *caé* siempre *d'arriba abajo*...". Y otra vez: "¡Bendito sea Dios, que hace que el sol *sarga* siempre por el Levante!"[58].

Mairena demuestra en este párrafo un interés por las vivencias religiosas del hombre común. Valiéndose del sarcasmo, expone que es la peculiar perspectiva del hombre, y no la esencia misma de la Naturaleza, la que hace creyentes a unos e incrédulos a otros. Las diferentes inclinaciones –creencias– de las personas son producto de su propia concepción del mundo, una visión subjetiva de la realidad.

---

[58] Antonio Machado: *Juan de Mairena*, (Sevilla: Junta de Andalucía, 1999; edición Pablo del Barco), pp. 248-49

13

En el siguiente extracto de la obra de Mairena se muestra la discrepancia que surge con su maestro (Abel Martín) en asuntos de metafísica y de teología:

Imaginemos –decía mi maestro Martín– una teología sin Aristóteles, que concibe a Dios como una gran conciencia de la cual fuera parte la nuestra, en la cual –digámoslo *grosso modo* y al alcance de vuestras cortas luces– todos tuviéramos enchufada la nuestra. En esta teología nada encontraríamos más esencial que el tiempo; no el tiempo matemático, sino el psíquico, que coincide con nuestra impaciencia, esa impaciencia mal definida, que otros llaman angustia y en la cual comenzaríamos a ver un signo revelador de la gran nostalgia del *no ser* que el *Ser Supremo siente*, o bien –como decía mi maestro– la gran nostalgia de lo Otro que padece lo Uno. De esta suerte asignaríamos a la divinidad una tarea inacabable –la de dejar de ser o de trocarse en lo Otro–, que explicaría su eternidad y que, por otro lado, nos parecería menos trivial que la de mover el mundo... ¿Qué dice el oyente?

–Esta teología –observó el oyente– me parece inaceptable. Es cierto que ese Dios, que nos da el tiempo y se queda fuera de él, o, dicho de otro modo, que permanece quieto y se entretiene en mover el mundo, es algo no menos inaceptable. Porque, en efecto, si el mundo no se mueve a sí mismo, lo natural y conveniente es dejarlo quieto, de acuerdo con su propia naturaleza. En caso contrario, es evidente que el mundo no necesita motor. Hasta aquí estamos de acuerdo. Pero, por otro lado, señor doctor, un Dios totalmente zambullido en el tiempo, obligado como nosotros a vivirlo minuto a minuto, con la consecuencia a la par de una tarea inacabable, sería un dios mucho más desdichado que sus criaturas. Sería un Dios –pongámoslo al alcance con nuestras cortas luces– que tendría un humor de todos los demonios, como condenado a galeras para toda su vida. Yo no sé, señor doctor, hasta qué punto hay derecho a pensarlo así.

–La verdad es –replicó Mairena, algo contrariado– que en toda concepción panteísta –la metafísica de mi maestro lo era en sumo– hay algo monstruoso y repelente; con razón la Iglesia la ha condenado siempre. Ya se lo decía yo a mi maestro: por mucho menos hubo quien ardió en las fogatas del Santo Oficio. Afortunadamente, hoy la Iglesia no toma demasiado en serio las blasfemias contra Aristóteles. Yo, sin embargo, os aconsejo que meditéis sobre este tema para que no os coja desprevenidos una metafísica que pudiera venir de fuera y que anda rondando la teología, una teología esencialmente temporalista, y para que tengáis, llegado el caso, algo que oponerle o algo que aprobar en ella, no seáis los eternos monos de la linterna mágica en cuestiones de alguna trascendencia.[59]

---

[59] Ob. cit., pp. 249-50.

En temas de religión Mairena expresa su independencia respecto del pensamiento de su maestro Abel Martín. Tal como anteriormente se mencionó, sería inapropiado calificar de panteísta la creencia de Mairena; precisamente este pasaje, pese a su calidad irónica, o gracias a ella, marca su rechazo a una visión de tal naturaleza de la divinidad. Abel Martín, según refiere el propio Mairena en este texto, era quien mantenía la visión panteísta de la metafísica, luego no hay que confundir el uno con el otro, pues Machado asume prácticamente la voz de Mairena. Por otro lado, si bien Mairena coincidía con la desaprobación de la Iglesia a tal desnaturalización de Dios, no compartía de la misma forma la persecución que en algún tiempo emprendió la Iglesia por motivos de creencias religiosas. En todo caso, exhorta a los alumnos al librepensamiento.

14

Juan de Mairena acusa a los filósofos alemanes decimonónicos de malentender la esencia del cristianismo, pues prefiere el entendimiento unamuniano:

> Los alemanes, grandes pensadores, portentosos metafísicos y mediados psicólogos –aunque sepan más Psicología que nadie–, nos deben una reivindicación de la esencia cristiana. Y seguramente nos la darán. Pero al Cristo no lo entenderán nunca, como nuestro gran D. Miguel de Unamuno[60].

No es de sorprender la admiración que muestra Mairena al genio y obra de Miguel de Unamuno. Para el autor el nivel de comprensión adquirido por Unamuno no tiene paralelo en la corriente filosófica alemana. En su opinión, los grandes pensadores alemanes –filósofos decimonónicos–, quienes contribuyeron en forma notable a la humanidad con su producción intelectual, quedan en deuda en lo que refiere a la "esencia cristiana", pues no alcanzan a comprender al *Cristo de carne y hueso* tan perfectamente entendido en las obras de Miguel de Unamuno. Mairena nos deja entrever el gran respeto que le tiene a la intelectualidad de estos filósofos germanos; pero al mismo tiempo, refiere a Unamuno como el superlativo en esta materia. En su opinión, el genio de los grandes pensadores tendrá la capacidad para ofrecer una explicación del Cristo como idea, pero no lograrán tener la profundidad necesaria para

---

[60] Ob. cit., p. 257.

entenderlo como realidad concreta. ¿Cómo concebía Unamuno al Cristo? El crítico José Luis Abellán ha caracterizado la cristología unamuniana con las siguientes palabras: "En [el evolucionismo darwinista, Unamuno] encuentra fundamento suficiente para elaborar una figura de Cristo como culminación de la evolución humana, donde Dios se expresa como Conciencia Universal"[61].

15
Sobre Dios y la nueva conceptualización del Tiempo refiere:

(Sobre el tiempo local.)
Leyendo lo que hoy se escribe sobre la moderna teoría de la relatividad, hubiera dicho Mairena: "¡Qué manera tan elegante de *suspenderle el reloj*[62] a la propia divinidad!". La verdad es que un dios que no fuese, como el de mi maestro, la ubicuidad misma, ¡qué pifias no irremediables cometería al juzgar el orden de los acontecimientos[63].

El tema del tiempo, o temporalidad, ha sido largamente tratado dentro de la literatura machadiana. Su recurrencia en tratar este tema lo ha llevado a ser conocido dentro de la literatura como un poeta del Tiempo; más aún, el propio Machado define a la poesía como "la palabra esencial en el tiempo"[64]. Con motivo de la revolución en la teoría científica, provocada por la teoría de la relatividad, trata la vigencia de Dios dentro de esta nueva concepción de la física moderna.

---

[61] José Luis Abellán, "El Dios personal de Unamuno", en *Dios en el pensamiento Hispano del siglo XX*. (Salamanca: Sígueme. 2002; editores, José Luis Cabria y Juan Sánchez-Gey), p. 45.

[62] –La hora –observó Martínez– será siempre una hora: el tiempo que tardará el minutero en recorrer la totalidad de la esfera de nuestros relojes. [...] Pero lo que yo pretendo poner de resalto es el carácter interesado, tendencioso, de este sofisma en cuanto va implícito, a mi juicio, en la invención y en el uso de nuestros relojes. Convencido el hombre de la brevedad de sus días, piensa que podría alargarlos por la vía infinitesimal, y que la infinita divisibilidad del espacio, aplicada al tiempo, abriría una brecha por donde vislumbrar la eternidad. [Antonio Machado, *Juan de Mairena*, (Sevilla: Junta de Andalucía, 1999; edición Pablo del Barco), p. 263]

[63] Antonio Machado, *Juan de Mairena*, (Sevilla: Junta de Andalucía, 1999; edición Pablo del Barco), p. 267.

[64] Antonio Machado, "Poética", en *Poesías Completas*, (Madrid: Espasa Calpe. 2002; editor, Manuel Álvar), p. 81.

Una nueva concepción del tiempo supondría definitivamente la ree-laboración de nuestra concepción de Dios; no por el hecho de que Dios haya resultado inadecuado a los nuevos tiempos, sino porque las antiguas conceptualizaciones de los hombres sobre Dios reclamarían ser actualizadas. Sin embargo, Dios –entendido como la ubicuidad misma– trasciende la frontera de todo lo humano, superando las pruebas que impone el desarrollo del conocimiento del hombre a través de la ciencia.

16

A continuación nos explica cómo el "Hombre", a diferencia de los demás animales, se preocupa por su salvación:

> Pero nosotros nos inclinamos más bien a creer en la dignidad del hombre, y a pensar que es lo más noble en él, el más íntimo y potente resorte de su conducta. Porque esta misma desconfianza de su propio destino y esta incertidumbre de su pensamiento, de que carecen acaso otros animales, van en el hombre unidas en una voluntad de vivir que no es un deseo de perseverar en su propio ser, sino más bien de mejorarlo. El hombre es el único animal que quiere salvarse, sin confiar para ello en el curso de la Naturaleza. Todas las potencias de su espíritu tienden a ello, se enderezan a este fin. El hombre quiere ser otro. He aquí lo específicamente humano. Aunque su propia lógica y natural sofística lo encierran en la más estrecha concepción solipsística, su mónada solitaria no es nunca pensada como autosuficiente, sino como nostalgia de lo otro, paciente de una incurable alteridad. Si lográsemos reconstruir la metafísica de un chimpancé o de algún otro más elevado antropoide, ayudándole cariñosamente a formularla, nos encontraríamos con que era esto lo que le faltaba para igualar al hombre: una esencial disconformidad consigo mismo que lo impulse a ser otro del que es, aunque, de acuerdo con el hombre, aspire a mejorar la condición de su propia vida: alimento, habitación más o menos arbórea, etc. Reparad en que, como decía mi maestro, sólo el pensamiento del hombre, a juzgar por su misma conducta, ha alcanzado esa categoría supralógica del deber ser o *tener que ser lo que no se es*, o esa idea del bien que el divino Platón encarama sobre la del ser mismo y la cual afirma con profunda verdad que no hay copia en este bajo mundo. En todo lo demás no parece que haya en el hombre nada esencial que lo diferencia de los otros primates (véase Abel Martín: "De la esencial heterogeneidad del ser".)[65].

---

[65] Antonio Machado, *Juan de Mairena*, (Sevilla: Junta de Andalucía, 1999; edición Pablo del Barco), pp. 269-70.

Considero este pasaje de particular relevancia, siendo tal vez la tesis aquí expuesta una de las que mayor valor tiene dentro de la obra de *Juan de Mairena*. A juicio personal, ya se podrían tomar las ideas aquí planteadas como el punto de partida del desarrollo del aspecto espiritual del hombre que el autor trata a lo largo de su obra. La tesis central del fragmento refiere al indomable impulso del hombre por "trascender"; entendido como un concepto superlativo de lo físico, y ligado a la mejora misma del espiritualismo individual. Según lo expone Mairena: "El hombre es el único animal que quiere salvarse, sin confiar para ello en el curso de la Naturaleza", un reconocimiento de la "esencial heterogeneidad del ser". Este impulso del hombre por trascender sobrepasa el egoísmo al que es llevado por "su propia lógica y natural sofística", y lo conduce al sentimiento de alteridad: "una esencial disconformidad consigo mismo que lo impulse a ser otro del que es". El impulso de superación, al cual se refiere el autor, desborda el contexto físico del que no puede escapar el animal, siendo esta la diferencia principal de la naturaleza humana. En palabras de José Luis Abellán, "Machado intenta superar el solipsismo idealista del siglo XIX y el subjetivismo que le subyace, en un esfuerzo de acceder a la realidad *del otro*: el *tú esencial*"[66].

17
Sobre la inexorable presencia de la fe:

"Como estas ciencias –la Matemática y la Física– están dadas realmente, puede preguntarse sobre ellas: ¿Cómo son posibles? Pues que tienen que ser posibles queda demostrado por su misma realidad". (Kant: *Crítica de la razón pura*.) Claro que si alguien dudase –añadía Mairena– de la realidad de estas ciencias, de que estas ciencias estén realmente dadas, dadas como tales ciencias o conocimientos verdaderos de algo, es su realidad lo que habría que demostrarle, antes de pasar a explicarle cómo son las tales ciencias posibles, si es que esta última cuestión no se consideraba ya superflua. De otro modo ¿cómo es posible que nadie haya dudado nunca de nada? La verdad es que si hay tautología, como yo creo, en el pensamiento kantiano, esta puede cohonestarse por la fe, como todas las tautologías que han hecho época. Lo cierto es que Kant creía en la cien-

---

[66] José Luis Abellán, *El Filósofo "Antonio Machado"*, (Valencia: Pre-textos. 1995), p. 14.

cia físico-matemática como, casi seguramente, San Anselmo creía en Dios. No es menos cierto que cabe dudar de lo uno y de lo otro[67].

En tema de creencias, Mairena establece una defensa de la legitimidad de la fe en Dios. En un derrotero lógico, el autor concluye de la "fe" como el elemento fundamental en la vida del hombre, y base ineludible para la viabilidad del pensamiento filosófico y científico. En su argumentación, afirma que la legitimidad de la fe que los filósofos y científicos pueden atribuirle a sus teorías o desarrollo científico, no es mayor que la atribuida a la religión. En conclusión, la "realidad" de estas creencias modernas sólo es entendida por la fe en las mismas.

18

El autor nos comenta sobre el fenómeno cognoscitivo de la muerte:

> Es casi seguro –decía mi maestro– que el hombre no ha llegado a la idea de la muerte por la vía de la observación y de la experiencia. Porque los gestos del moribundo que nos es dado observar no son la muerte misma; antes al contrario, son todavía gestos vitales. De la experiencia de la muerte no hay que hablar. ¿Quién puede jactarse de haberla experimentado? Es una idea esencialmente apriorística, la encontramos en nuestro pensamiento, como la idea de Dios, sin que sepamos de dónde ni por dónde ha venido. Y es objeto –la tal idea digo– de creencia, no de conocimiento. Hay quien cree en la muerte, como hay quien cree en Dios. Y hasta quien cree, alternativamente en lo uno y en lo otro[68].

En los fragmentos citados anteriormente, al igual que en este caso, Mairena exhibe argumentos contundentes para defender la legitimidad de la fe en Dios. De este modo, nos deja entrever su propósito de anteponer tesis sólidas frente a las propuestas de los nuevos filósofos del empirismo y demás pensadores escépticos. Como sucede en otros momentos de la obra de Mairena, el autor legitima la creencia en Dios, y para esto se sirve de conceptos que son de libre aceptación por los oyentes. Según lo expone, la muerte seguirá siendo una "idea esencialmente apriorística" para el hombre porque, en un plano cognoscitivo, sólo la

---

[67] Antonio Machado: *Juan de Mairena*, (Sevilla: Junta de Andalucía, 1999; edición Pablo del Barco), pp. 272-73

[68] O.c., p. 285

vida es susceptible de observación. Así, es tan legítimo el creer en la muerte como el creer en Dios.

19

Veamos el escepticismo a la manera agónica de Unamuno:

> –¿Cree V. en Dios?
> –Quiero creer; no logro creer. A veces no quiero creer; a veces creo sin querer. Creo hoy; mañana dejo de creer. Dudo.
> –Pero Dios existe o no existe; hay que creer en Él o negarlo; no cabe *dudarlo*.
> –Eso es lo que V. cree[69].

Esta cita es una muestra del ejercicio de escepticismo moderado que utiliza el autor en forma de diálogo. El cultivo de la duda metódica, ejercido por Juan de Mairena, no excluye de modo alguno que creyese en Dios. A este respecto, ya se podría citar a Descartes, maestro moderno de la duda metódica, creyente confeso y orgullosamente cristiano. Este fragmento sólo debe ser tomado como una demostración de la forma de razonamiento que utiliza para llegar al pensamiento que expone su obra. La posición de Mairena respecto de Dios, tema central de estudio, es expuesta con menor dialéctica en otras citas. En todo caso, este ejercicio expresa su preocupación respecto de la "creencia en Dios".

20

La próxima cita versa sobre ciertos filósofos modernos en relación con la fusión filosófico-cristiana de la época medieval:

> Lo esencial en el hombre es su existencia (Heidegger).
> La esencia del hombre es inseparable de su existencia (*Idem*).
> Heidegger piensa de la existencia humana lo que Husserl de la pura conciencia intencional.
> Y lo que pensaba Descartes del pensar.
> Y lo que pensaba Descartes y, antes, San Anselmo de Dios.
> ¿Y San Agustín? A par pues[70].

---

[69] Ob. cit., p. 313.
[70] Ob. cit., p. 322.

Desde el Renacimiento, las nuevas escuelas filosóficas trasladaban el centro gravitacional de su pensamiento hacia elementos fuera del contexto religioso. Mairena mantiene, en este párrafo, un argumento claramente favorable con respecto al cristianismo, pues la supuesta ruptura absoluta de las modernas filosofías seculares para con la filosofía cristiana medieval, así como la pretensión de superioridad evolutiva, quedaría desmentida. Está abogando por la ecuanimidad en la crítica de la historia de la filosofía, implícitamente está reclamando perspectivas que reconociesen la interdependencia de todas las escuelas y maneras de pensar, a la vez que un mayor reconocimiento del aspecto reiterativo del oficio de filosofar; los tiempos cambian pero las preguntas esenciales son siempre las mismas y permanecen inconclusas.

21
De como los escépticos se salvarán:

Aprende a dudar, hijo, y acabarás dudando de tu propia duda. De este modo premia Dios al escéptico y confunde al creyente[71].

En primer lugar, se puede observar la valoración de la duda metódica como instrumento de razonamiento, herramienta que como se ha visto es usada frecuentemente por Machado. Segundo, dentro de su mensaje hace referencia a un Dios premiador, y, por lo tanto, personal. Se cree que es importante reparar en esta peculiaridad porque no es un lenguaje propio de agnósticos o ateos. En este sentido, se podría decir que Machado no representaría, al menos, una posición contraria a la creencia en la religión. Finalmente, se puede afirmar que, en opinión de Mairena, el escepticismo –entendido como duda metódica orientada a la búsqueda de la verdad– no diverge del sentido espiritual, más aún, la verdadera convicción es la que se obtiene a través del cuestionamiento sistemático.

22
Sobre una filosofía cristiana, nos dice:

Sobre la divinidad de Jesús he de deciros que nunca he dudado de ella. O Cristo fue el divino Verbo encarnado milagrosamente en las entrañas vírgenes

---

[71] Ob. cit., p. 332.

de María, y salido al mundo para expiar en él los pecados del hombre, que es la versión ortodoxa, difícil de comprender, pero no exenta de fecundidad; o fue, por el contrario, el hombre que se hace Dios, *deviene* Dios para expiar en la Cruz los pecados más graves de la divinidad misma, que es la versión heterodoxa, y no menos profunda, de mi maestro. Como veis ambas ponen a salvo la divinidad de Jesús. Sobre las dos habéis de meditar, bien con el propósito de conciliarlas, salvando, no ya la divinidad, que por sí misma se salva, sino el origen divino del Crucificado, bien, si ello no fuere posible, con el valor suficiente para eliminar una de ellas y ver en la otra el hecho cristiano en toda su pureza.

Para mí es evidente –sigue hablando Mairena a sus alumnos– que el Cristo trajo al mundo, entre otras cosas, un nuevo tema de reflexión, sobre el cual no hemos meditado bastante todavía. Por esa razón, creo yo en una filosofía cristiana del porvenir, la cual nada tiene que ver –digámoslo sin ambages– con esas filosofías católicas, más o menos embozadamente eclesiásticas, con que hoy, como ayer, se pretende enterrar al Cristo en Aristóteles. Se pretende, he dicho, no que se consiga, porque el Cristo –como pensaba mi maestro –no se deja enterrar. Nosotros partiríamos de una total jubilación de Aristóteles, convencido de la profunda heterogeneidad del intelectualismo helénico, maduro en el Estagirita, con las intuiciones, o si queréis, revelaciones de Cristo. Porque esto es para nosotros un acierto definitivo de la crítica filosófica, sobre el cual no hay por qué volver.

Otro de los grandes enemigos de Cristo y, por ende, de una filosofía cristiana sería, para nosotros, la Biblia, ese cajón de sastre de la sabiduría semítica. Para ver la esencia cristiana en toda su pureza y originalidad, los mismos Evangelios reputamos fuentes de error, si antes no son limpiados de toda la escoria mosaica que contienen.

Otrosí: ni la investigación histórica, por un lado, ni, por otro, la interpretación de textos dogmáticos, han de aprovecharnos demasiado.

Nosotros partiríamos de una investigación de lo *esencialmente* cristiano en el alma del pueblo, quiero decir en la conciencia del hombre, impregnada de cristianismo. Porque el cristianismo ha sido una de las grandes experiencias humanas, tan completa y de fondo que, merced a ella, el *zoon politikon*, de Aristóteles, se ha convertido en un *ente cristiano* que viene a ser, aproximadamente, el hombre occidental[72].

Las citas a *Juan de Mairena* descubren cada vez con mayor profundidad una suerte de confesión de la creencia cristiana de Antonio Machado, como se aprecia en lo antes citado: "Sobre la divinidad de Jesús he de deciros que nunca he dudado de ella [...] Como veis ambas [versiones] ponen a salvo la divinidad de Jesús [...] Sobre las dos habéis de

---

[72] Ob. cit., p. 342.

meditar [...] con el valor suficiente para eliminar una de ellas y ver en la otra el hecho cristiano en toda su pureza". Abel Martín, y probablemente Juan de Mairena también, mantenían una versión heterodoxa sobre el origen del Cristo. Como acertadamente aclara, en ninguna de las versiones –ortodoxa y heterodoxa– se pretende poner en tela de juicio el hecho de la divinidad del Cristo; por el contrario, es su origen el punto sobre el cual divergen. En la versión heterodoxa, se interpreta que es Dios que "deviene" en el hombre para expiar en la Cruz los pecados de la "divinidad". Sobre este último concepto, el fragmento no concede los alcances de lo que el mismo Mairena quiso transmitir por concepto de "divinidad". Desde un punto de vista personal, me inclino a pensar que el autor entiende por "Divinidad" la esencia cristiana del mismo hombre, intrahistórica, tal como lo menciona en el último párrafo: "lo *esencialmente* cristiano en el alma del pueblo, [...] la conciencia del hombre, impregnada de cristianismo". Más allá del problema que plantea el autor sobre la tesis del origen del Cristo, debe entenderse que la preocupación central de Mairena sobre esta cita refiere al mensaje que trae el Cristo, una "filosofía cristiana del porvenir". En su visión, la escolástica aristotélica es una postura anacrónica. De igual modo, rechaza Las Leyes de Moisés como fuente para descubrir la esencia cristiana; pues, tal como afirma, quedóse enturbiado el mensaje genuino y tendría que ser depurado. Como se aprecia, esta cita no trata sobre la creencia o no de Mairena en el cristianismo; por el contrario, se parte de esta premisa para transmitir su perspectiva particular dentro de su cristianismo implícitamente confeso, y seguramente heterodoxo.

23

En esta otra cita, nos refiere nuevamente sobre el Cristo:

> Cierto, decía mi maestro, que si el Cristo no hubiera muerto entre nosotros, la divinidad no tendría la experiencia humana que se propuso realizar y sabría del hombre tan poco como los dioses paganos. La muerte del Cristo, seguida de su Resurrección, fue comentada por los dioses del Olimpo como por los sabios, más tarde, aquella ocurrencia entre genial y cazurra *del huevo de Colón*. Ellos, los dioses, tan diestros en toda suerte de transformaciones y disfraces, no habían caído en que también podía morir un inmortal... resucitando al tercer día[73].

---

[73] Ob. cit., p. 368.

Se concede aquí que la apoteosis es moneda corriente entre paganos y cristianos, sin embargo, hay algo que a aquellos les pasaría por alto, según Machado, el hecho de morir y resucitar ya no de manera mitológica, sino histórica.

24

Se reconoce una nueva esperanza en España con el surgimiento de la nueva filosofía cristiana:

> Una filosofía cristiana (hubiera comentado Juan de Mairena) que no pretenda enterrar, nuevamente al Cristo, en Aristóteles, parece posible en España, sobre todo después de Unamuno, que tanto ha hecho patente su propósito de libertad al Cristo de la guerra del Estargírita, que tanto hizo por desenclavarlo de esa cruz en que todavía le tiene Roma y donde seguramente no hubiera Él gustado demostrarnos su agonía. Cierto que Unamuno le restituye a su verdadera Cruz, aquella en que fue realmente enclavado y aquella otra más duradera en que San Pablo lo enclavó para siglos. Porque después de San Pablo ha sido difícil que el Cristo vuelva a asentar sus plantas sobre la tierra, como quisiéramos los herejes, los reacios al culto del Cristo Crucificado[74].

Mairena, profeso antiescolástico y anticlerical, se refiere a Unamuno como la persona que verdaderamente entendió el mensaje de Cristo (esto mientras reseñaba favorablemente una obra teológica de Joaquín Xirau). Se pretende un entendimiento intrahistórico, esencialista, del cristianismo, más allá de los dogmatismos o tribalismos cristológicos.

---

[74] Ob. cit., p. 403.

Resumen de las diversas posturas adoptadas por la crítica sobre la cuestión del cristianismo de Antonio Machado

CONCLUSIONES

Cualquier afirmación acerca de las creencias religiosas del profesor apócrifo Juan de Mairena tendría que partir, desde luego, de un análisis de las mismas creencias de su creador: el poeta y pensador, Antonio Machado.

Asimismo, antes de recapitular mis propios pensamientos al respecto, considero necesario repasar las conclusiones de algunos de los más destacados críticos machadianos en torno a este tema.

La posición más pesimista quizás la represente Antonio Sánchez Barbudo, quien creía que el poeta sevillano era un "ateo insatisfecho":

> Pocas veces, decimos, esos fideístas que empiezan por el anhelo de Dios, sólo por el anhelo, llegan a creer. Las más veces *dudan*, y muy frecuentemente, aun sintiendo mucho en su corazón la necesidad de Dios, no creen en Él. A menudo ocultan, como Unamuno –creo yo– esa incredulidad bajo la *duda*. Pero hay también quien deseando sinceramente a Dios, definitivamente no cree en Él. Tal era el caso de Machado, que, vamos a ver, creía sobre todo en la nada. Del sentimiento de la nada, brotaban, para él, metafísica y poesía. Era, pues, Machado de los fideístas que, más propiamente, o con más claridad al menos, podríamos llamar ateos, aunque ciertamente ateos insatisfechos: hombres que sienten la falta de Dios.[1]

Al señalar a Antonio Machado como ateo, Sánchez Barbudo se distingue de la mayoría de la crítica machadiana y pocos son los que concuerdan con él; no obstante, hay al menos otro autor que sigue las líneas trazadas por Sánchez Barbudo. Se trata del poeta Ángel González, cuyo libro *Antonio Machado* contiene la siguiente afirmación:

---

[1] Antonio Sánchez Barbudo, *Estudios sobre Galdós, Unamuno y Machado*, (Madrid: Guadarrama, 1968), pp. 327-28.

Tanto o más que un "buscador de Dios", como tantas veces se le ha llamado, Machado, por el conjunto de su obra, puede ser definido como un sutil negador de Dios, radicalmente escéptico (escéptico hasta –o sobre todo– en la negación). Yo no pienso que Antonio Machado sea un creyente con una fe corregida por cierta dosis de escepticismo, sino lo contrario: un incrédulo que pensaba o relativizaba su falta de fe de una manera –como en él era habitual– dialéctica; es decir, un ateo que procedía a negar su ateísmo para abrir un paréntesis de duda en su incredulidad.[2]

Ángel González y Sánchez Barbudo son de los pocos que se atrevieron a calificar a Antonio Machado de ateo. Los dos estaban principalmente interesados en su poesía, y, por lo tanto, no prestaron atención suficiente a su prosa, concretamente, a *Juan de Mairena*. De haberlo hecho, habrían tenido que modificar sus posiciones al respecto.

El teólogo Olegario González de Cardedal –contrario a las opiniones de Sánchez Barbudo y González– descubre en Machado a un pensador sinceramente convencido de la validez del cristianismo, a pesar de sus deficiencias cristológicas relativas a la ortodoxia:

Digamos como conclusión que en Machado encontramos intuiciones profundas y bellos fragmentos sobre Cristo, a la vez que ciertas fórmulas extrañas propias de concepciones gnósticas. Admira en Cristo su doctrina y su capacidad para despertar lo que él llama los universales del sentimiento y de la fraternidad. Desde aquí se ha percatado que de cómo sólo desde la fe en Dios Padre –"el Dios del Evangelio de Cristo", como diría Unamuno– hay fundamento para comprendernos como hermanos. Esa filiación divina es nuestra suprema posesión y nuestra última dignidad. Es casi posmoderno, en cuanto que ha percibido la oquedad de muchos ideales del siglo XIX y la falsedad de una concepción antropológica que absolutiza al individuo –solus ipse!–haciendo imposible el diálogo y acabando con el prójimo. Ha percibido con lucidez suprema la constitutiva alteridad del ser, en Dios y en el hombre, y con ello ha roto el cerco del idealismo.[3]

Este crítico no dudaba que Machado abrigaba cierta fe, por heterodoxa que fuese, en Cristo. Sin embargo, en otras ocasiones, González de Cardedal ha afirmado que la fe de Antonio Machado permaneció durante toda su vida perturbada, o sea que nunca fue una fe completa, llanamente comprometida, mucho menos ortodoxa.

---

[2] Ángel González, *Antonio Machado*, (Madrid: Alfaguara, 1999), p. 55.
[3] Olegario González de Cardedal, *Cuatro poetas desde la otra ladera*, (Madrid: Trotta, 1996), p. 380.

El crítico Juan José Coy –pese a su desaprobación del reduccionismo intelectual– no puede menos que calificar de "cristiano" a Antonio Machado:

> Probablemente si a Machado tuviera que adjudicarle una etiqueta –sin que se vea razón alguna para hacerlo– ésta podría ser la de "cristiano" en el sentido de la igualdad fraternal de todos los hombres, en su traducción a terminología vagamente religiosa, de valores evangélicos, de común unión entre cuantos se asegura que somos hijos de un mismo Padre que está en los cielos.[4]

Las palabras de Coy son representativas de la norma operante actualmente en los círculos de la crítica machadiana. El foco actual de la atención analítica se apoya en las implicaciones ético-morales del pensamiento machadiano: particularmente, sus escritos sobre Cristo y el cristianismo.

Manuel Tuñón de Lara es otro crítico que no dudó en calificar a Machado de cristiano, aunque, paradójicamente, lo consideró agnóstico:

> Y, sin embargo, Machado, este Machado cuyo agnosticismo parece difícil desconocer, era irrenunciablemente cristiano. No de un cristianismo ortodoxo, sino como el unamuniano de *San Manuel Bueno, mártir* compatible con la duda. Las citas serían interminables, pues mucho escribió sobre ello, y a veces contradictorio. En *Hora de España* escribe: "Sobre la divinidad de Jesús he de deciros que nunca he dudado de ella", pero se trata de un cristianismo harto heterodoxo, en el que se partiría de "lo esencialmente cristiano en el alma del pueblo, quiero decir en la conciencia del hombre, impregnada de cristianismo".
> La "tesis" maireniana es que "el Cristo *deviene* Dios para expiar en la Cruz los pecados más graves de la divinidad misma". A fin de cuentas, lo que le interesa a Machado es el fenómeno histórico-moral del cristianismo como "una de las grandes experiencias humanas".[5]

Aunque muy atractivo, este esbozo del cristianismo machadiano no aclara la contradicción de cómo un agnóstico pudiere expresar su inequívoca fe en la divinidad de Cristo. Es decir, ¿cómo se puede creer manifiestamente en la divinidad de una figura histórica, si a la vez se admi-

---

[4] Juan José Coy, *Antonio Machado: Fragmentos de biografía espiritual*, (Valladolid: Junta de Castilla y León, 1997), p. 189.

[5] Manuel Tuñón de Lara, *Antonio Machado, poeta del pueblo*, (Madrid: Taurus, 1997), pp. 111-12.

te la posibilidad de que Dios no exista? Admito que a veces la verdad
pueda tomar la forma de una paradoja, no niego la legitimidad del razonamiento contradictorio, pero Tuñón de Lara debió ampliar su reflexión, yendo más allá de una simple afirmación categórica carente de
evidencia.

Resulta más convincente, a la luz de mis reflexiones sintético-analí-
ticas sobre el cristianismo en Juan de Mairena, el siguiente argumento
del historiador de la filosofía, José Luis Abellán:

> [El Dios de Machado], pues, como objeto de comunión cordial entre los
> hombres, hace posible el comunismo, es decir, la fraternidad universal. Pero, en
> definitiva, ésta es la predicación de Cristo que nos dice: "Sólo hay un Padre, pa-
> dre de todos que está en los cielos". Y este padre divino es el que nos hace her-
> manos. Cristo, hijo de Dios, hermano del hombre, es quien funda, para siem-
> pre, la comunión fraterna en el mismo objeto de amor. Por tanto, el verdadero
> comunismo es de esencia y origen cristiano; o con otras palabras, el comunismo
> es la auténtica y recta interpretación del cristianismo.[6]

No hay forma más condensada y precisa que ésta para expresar la
función de Dios en el pensamiento machadiano, tal cual nos viene
anunciada por boca de Juan de Mairena, siendo el término clave y ope-
rativo el "comunismo cristiano".

Cercano al pensamiento de Abellán, el teólogo José María González Ruiz precisa la relación entre la "ética del amor fraterno" de Machado y el "cristianismo fraterno ruso", y su hipotética realización histórica
en el seno de una "revolución socialista":

> Machado, al final de su vida, bajo las balas de la guerra civil española,
> cuando piensa en la Unión Soviética como probable refugio de sus últimos
> años, sigue siendo sincero consigo mismo y manteniendo su vieja línea de la éti-
> ca del amor fraterno: sin Dios no será posible que los hombres se amen entre sí;
> y quizá algún día el viejo cristianismo fraterno ruso renacerá de sus cenizas y po-
> drá montar ágilmente sobre el caballo, afortunadamente veloz, de la revolución
> socialista…[7]

---

[6] José Luis Abellán, *El filósofo Antonio Machado*, (Valencia: Pre-textos, 1995),
pp. 84-5.

[7] José María González Ruiz, *La teología de Antonio Machado*, (Santander: Sal Térrae,
1989), p. 115.

Y resume González Ruiz su apreciación sobre el cristianismo machadiano:

> Para Antonio Machado el cristianismo no es una pura fe intelectual, ni siquiera mística, sino que se encarna por fuerza en una ética concreta: el amor fraterno

Considero que sin un conocimiento a fondo de *Juan de Mairena*, el crítico machadiano seguramente perderá la razón última de su personal vinculación con el cristianismo, dando lugar a falsas lecturas y equivocaciones de toda clase, a la hora de aproximarse a una comprensión de las creencias religiosas de Antonio Machado. No creo que Machado fuera ateo, puesto que veía al ateísmo como una postura esencialmente individualista negadora de toda posibilidad de comunión cordial entre los hombres:

> Un comunismo ateo –decía mi maestro– sería siempre un fenómeno social muy de superficie. El ateísmo es una posición esencialmente individualista; la del hombre que toma como tipo de evidencia el de su propio existir; con el cual inaugura el reino de la nada, más allá de las fronteras de su yo. Este hombre, o no cree en Dios, o se cree Dios, que viene a ser lo mismo. Tampoco ese hombre cree en su prójimo, en la realidad absoluta de su vecino. Para ambas cosas carece de la visión o evidencia de lo otro, de una fuerte intuición de *otredad*, sin la cual no se pasa del yo al tú. Con profundo sentido, las religiones superiores nos dicen que es el desmedido amor de sí mismo lo que aparta al hombre de Dios. Que le aparta de su prójimo va implícito en la misma afirmación. Pero hay momentos históricos o vitales en que el hombre sólo cree en sí mismo, se atribuye la aseidad, el ser por sí; momentos en los cuales le es tan difícil afirmar la existencia de Dios como la existencia, en el sentido ontológico de la palabra, del sereno de su calle. A este *self-man* propiamente dicho; a esta mónada autosuficiente no le hable usted de comunión, ni de comunidad, ni aun de comunismo. ¿En qué y con quién va a comulgar este hombre?[8]

Ahora, sabemos lo que no era Machado: ni ateo, ni marxista. Pretendemos establecer lo que evidentemente era: un cristiano heterodoxo, preocupado en primer plano por la "igualdad fraternal de todos los hombres"[9].

---

[8] Antonio Machado, *Juan de Mairena*, (Sevilla: Junta de Andalucía, 1999; edición Pablo del Barco), p. 221.

[9] Juan José Coy, ob. cit.

La clave para descifrar el pensamiento religioso machadiano –harto dialéctico–, es, sin lugar a dudas, su libro *Juan de Mairena*. No obstante el protagonista de este texto singular no es directamente Antonio Machado, sino un apócrifo, o sea, un personaje o doblete suyo. Entonces, ¿cómo justificaríamos el empleo de este libro como si comprendiera las mismísimas palabras, los mismísimos pensamientos, del poeta y filósofo andaluz? La razón nos la viene a dar el investigador Alfonso Méndiz Noguero, que señaló la progresiva unificación de las voces machadianas con las mairenianas a lo largo del tiempo (1934-39), fundiéndose inextricablemente durante los años de la Guerra Civil Española. "Consecuencia de todo esto [los cambios estilísticos que podemos apreciar en los artículos de la guerra civil con respecto a los de pre-guerra] es el progresivo desdibujamiento del apócrifo, su voz se diluye, cada vez más, en la voz de Machado. Ya no es 'mi otro yo filosófico' sino el mismo poeta en sus afirmaciones y en su carácter"[10]. La prueba conclusiva de la tesis mendiznoguera es el hecho de que Antonio Machado, durante la Guerra Civil Española, a veces firmaba los artículos de Juan de Mairena con su propio nombre, cosa que jamás se atrevió a hacer anteriormente.

Tomemos al azar uno de los textos tardíos de Juan de Mairena y veamos lo que nos dice sobre Cristo: "Ladrón de energías, llamaba Nietzsche al Cristo. Y es lástima –añadía Mairena– que no nos haya robado bastante"[11]. En el contexto trágico de la Guerra Civil, estas palabras no podían significar más que una cosa: se acusaba de hipocresía a los nacionales, quienes se jactaban de ser soldados de Cristo. Antonio Machado y Juan de Mairena lamentaban al unísono la extrema violencia de su tiempo, reclamando una reivindicación de los valores cristianos centrados en la paz y la concordia. No es un disparate afirmar que el Dios de Juan de Mairena era esencialmente el Dios de Antonio Machado[12], *nuestro Pa-*

---

[10] Alfonso Méndiz Noguero, *Antonio Machado, periodista*, (Barañáin [Navarra]: Universidad de Navarra, 1995), p. 367.

[11] Antonio Machado, *Juan de Mairena*. (Sevilla: Junta de Andalucía, 1999; edición Pablo del Barco) p. 399.

[12] El Dios de Abel Martín no es equivalente al de Mairena, por ejemplo, contrario a lo que piensa José Luis Abellán, "El Dios de Machado es el panteísta de la metafísica de Abel Martín" (*El filósofo Antonio Machado*, p. 84). Una lectura detenida de *Juan de Mairena* revelaría que Mairena no coincidía con su maestro, Abel Martín, sobre la interpretación panteísta de Dios: "La verdad es –replicó Mairena, algo contrariado– que en toda

dre que está en los cielos.

En conclusión, la originalidad de la presente investigación reside en que es la única que escudriña las ideas cristianas en la extensa prosa machadiana recogida en *Juan de Mairena*. Se corrigen así otras propuestas sobre las creencias espirituales o morales de Antonio Machado. El resultado es que únicamente los estudiosos que reconozcan el cristianismo[13] como elemento esencial del pensamiento y sentimiento machadianos estarían en lo cierto, si bien se reconoce que don Antonio nunca perteneció a una denominación cristiana determinada y que sus ideas sobre la religión eran claramente heterodoxas con respecto al dogma romano-católico.

---

concepción panteísta –la metafísica de mi maestro lo era en sumo– hay algo monstruoso y repelente; con razón la Iglesia la ha condenado siempre" (A. Machado, ob. cit.).

[13] Entendiendo este cristianismo de la siguiente manera: "El cristianismo de Machado, su aspiración de la fraternidad humana universal le llevaba a una adhesión cordial por el socialismo no marxista, donde se ofrezca igualdad de oportunidades a los trabajadores, abolición de los privilegios de clase, justa distribución de los ingresos; socialismo que es, en definitiva, como veremos, un comunismo cristiano que tiene como aspiración máxima la realización de la justicia, en la lucha contra todo materialismo excesivo". –José Luis Abellán, *El filósofo Antonio Machado* (p. 89).

Bibliografía

Obras de Antonio Machado

Antología poética, (Edición Luis García Camino-Burgos), Madrid: Punto de lectura. 2002.

Juan de Mairena, (Edición Pablo del Barco), Sevilla: Junta de Andalucía; Consejería de Educación y Ciencia, 1999.

Poesías completas, (Edición Manuel Álvar). Madrid: Espasa-Calpe, 2002.

Prosas dispersas, (Edición Jordi Doménech), Madrid: Páginas de Espuma, 2001.

Selected Poems, (Translator: Alan S. Trueblood), Cambridge: Harvard University Press, 2001.

Obras sobre Antonio Machado

ABELLÁN, JOSÉ LUIS, *El filósofo Antonio Machado*, Valencia: Pre-textos, 1995.

ABELLÁN, JOSÉ LUIS, *Historia del pensamiento español*, Madrid: Espasa-Calpe, 1996.

AGUIRRE, J. M., *Antonio Machado, poeta simbolista*, Madrid: Taurus, 1973.

ALBORNOZ, AURORA DE, *La presencia de Miguel de Unamuno en Antonio Machado*, Madrid: Gredos, 1968.

ÁLVAR, CARLOS; MAINER, JOSÉ-CARLOS; NAVARRO, ROSA, *Breve historia de la literatura española*, Madrid: Alianza, 2001.

ALONSO, MONIQUE, *Antonio Machado, poeta en el exilio*, Barcelona: Anthropos, 1985.

COY, JUAN JOSÉ, *Antonio Machado, fragmentos de biografía espiritual*, Madrid: (Junta de Castilla y León) Consejería de Educación y Cultura, 1997.

DÍAZ-PLAJA, GUILLERMO, *Modernismo frente a noventa y ocho*, Madrid: Espasa-Calpe, 1979.

DÍEZ RODRÍGUEZ, MIGUEL; DÍEZ TABOADA, MARÍA PAZ, *Antología de la poesía española del siglo XX*, Madrid: Istmo, 1999.

DOS PASSOS, JOHN, "Antonio Machado: poeta de Castilla", en *Rocinante vuelve al camino*, Madrid: Alfaguara, 2002.

GAOS, VICENTE, *Claves de literatura española*, Madrid: Guadarrama, 1971.

GABRIELE, JOHN P. [editor], *Divergencias y unidad: perspectivas sobre la generación del '98 y Antonio Machado*, Madrid: Orígenes, 1990.

GARCÍA-DIEGO, JOSÉ A., *Dos artistas masones: Antonio Machado y Juan Gris*, Madrid: Castalia, 1990.

GONZÁLEZ, ÁNGEL, *Antonio Machado*, Madrid: Alfaguara, 1999.

GONZÁLEZ DE CARDEDAL, OLEGARIO, *Cuatro poetas desde la otra ladera: Antonio Machado, Miguel de Unamuno, Oscar Wilde, Jean Paul Richter*, Madrid: Trotta, 1996.

GONZÁLEZ RUIZ, JOSÉ MARÍA, *La teología de Antonio Machado* (Prólogo de José Bergamín), Santander: Sal Térrea, 1989.

IRAVEDRA, ARACELI, *El poeta rescatado: Antonio Machado y la poesía del "grupo de Escorial"*, Madrid: Biblioteca Nueva, 2001.

IGLESIA, JOSÉ LUIS DE LA [Y OTROS], *Antonio Machado y la filosofía*, Madrid: Orígines, 1989.

JIMÉNEZ, JOSÉ OLIVIO; MORALES, CARLOS JAVIER, *Antonio Machado en la poesía española*, Madrid: Cátedra, 2002.

MACHADO, JOSÉ, *Últimas soledades del poeta Antonio Machado*, Madrid: De La Torre, 2001.

MARICHAL, JUAN, "Antonio Machado: Poesía e historia" en *El secreto de España: ensayos de historia intelectual y política*, Madrid: Taurus, 1995.

MEDINA-NAVASCUÉS, TERE, *Las dos Españas: intrahistoria de Antonio Machad;* México: Porrúa, 2003.

MÉNDIZ NOGUERO, ALFONSO, *Antonio Machado, periodista*, Barañain: (EUNSA) Universidad de Navarra, 1995.

OCASAR, JOSÉ LUIS, *Literatura española contemporánea*, Madrid: Edinumen, 1997.

RODRÍGUEZ, MARTA, *El intimismo en Antonio Machado*, Madrid: Visor, 1998.

ROMERO FERRER, ALBERTO, *Los hermanos Machado y el teatro*, Sevilla: Diputación de Sevilla, 1996.

RULL FERNÁNDEZ, ENRIQUE, *El modernismo y la generación del 98*, Madrid: Playor, 1989.

SALINAS, PEDRO, *Literatura española del siglo XX*, Madrid: Alianza, 2001.

SÁNCHEZ BARBUDO, ANTONIO, *Los poemas de Antonio Machado*, Barcelona: Lumen, 1989.

————, *Estudios sobre Galdós, Unamuno, y Machado*, Madrid: Guadarrama, 1968.

SERRANO PONCELA, S., *Antonio Machado, su mundo, su obra*, Buenos Aires: Losada, 1954.

SHAW, DONALD, *La generación del 98*, Madrid: Cátedra, 1997.

TUÑÓN DE LARA, MANUEL, *Antonio Machado, poeta del pueblo*, Madrid: Taurus, 1997.

VALVERDE, JOSÉ MARÍA, "Antonio Machado" en *Lecciones de literatura universal*, (Jordi Llover, editor), Madrid: Cátedra, 1995.

Obras de religión

CABRIA, JUAN CARLOS; SÁNCHEZ-GEY, JUANA, *Dios en el pensamiento hispano del siglo XX*, Salamanca: Sígueme, 2002.

GONZÁLEZ DE CARDEDAL, OLEGARIO,*Cristología*, Madrid: Biblioteca de Autores Cristianos, 2001.

KÜNG, HANS, *La iglesia católica*, (Traductor, Albert Borràs), Barcelona: Mondadori, 2002.

————, *Ser Cristiano*, (Traductor, José María Bravo Navalpotro), Madrid: Trotta, 1996.

RODRÍGUEZ-MOÑINO SORIANO, RAFAEL, *Breve historia de la religión en España*, Madrid: Castalia, 2002.

SPOTO, DONALD, *The Hidden Jesus: A New Life*, New York: St. Martin's, 1998.

Obras de filosofía

MACERIAS FAFIÁN, MANUEL [EDITOR], *Pensamiento filosófico español, Volumen I, De Séneca a Suárez*, (Colaboradores: Antonio M. López Molina, Alfonso Maestre Sánchez, Sebastià Trías Mercant.), Madrid: Síntesis, 2002.

————, *Pensamiento filosófico español, Volumen II, Del Barroco a nuestros días.* (Colaboradores: José Luis Abellán, Amable Fernández Sanz, Antonio Jiménez García, Luis Jiménez Moreno, Ramón Mandado Gutiérrez, Antolín Sánchez Cuervo), Madrid: Síntesis, 2002.

SAMANIEGO, MIGUEL ÁNGEL DE; RUIZ RAMOS, ALBERTO, *La generación de la democracia: Nuevo pensamiento filosófico en España*, Alianza: Madrid, 2002.

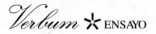

Verbum ✶ ENSAYO

ANTONIO ENRÍQUEZ GÓMEZ:
Sansón Nazareno (Ed. crítica de María del Carmen Artigas).

G. ARETA, H. LE CORRE, M. SUÁREZ y D. VIVES (Editores):
Poesía hispanoamericana: ritmo(s) / métrica(s)/ruptura(s).

CONSUELO TRIVIÑO ALZOLA:
Pompeu Gener y el Modernismo.

JOSÉ MANUEL LÓPEZ DE ABIADA y AUGUSTA LÓPEZ BERNASOCCHI (Editores):
Territorio Reverte. Ensayos sobre la obra de Arturo Pérez-Reverte.

RAQUEL ROMEU:
Voces de mujeres en las letras cubanas.

MIGUEL MARTINÓN:
Espejo de Aire. Voces y visiones literarias.

RAMÓN DÍAZ-SOLÍS:
Filosofía de arte y de vivir.

MANUEL MORENO FRAGINALS, J. L. PRIETO BENAVENT, RAFAEL ROJAS *et alii:*
Cien años de historia de Cuba (1898-1998).

JOSÉ LEZAMA LIMA:
La posibilidad infinita *Archivo de José Lezama Lima.*

NILO PALENZUELA:
Los hijos de Nemrod. Babel y los escritores del Siglo de Oro.

ALEJANDRO HERRERO-OLAIZOLA:
Narrativas híbridas: Parodia y posmodernismo en la ficción contemporánea de las Américas.

JAVIER HUERTA CALVO, EMILIO PERAL VEGA y JESÚS PONCE CÁRDENAS (Editores):
Tiempo de burlas. En torno a la literatura burlesca del Siglo de Oro.

RICARDO MIGUEL ALFONSO (Editor):
Historia de la teoría y la crítica literaria en EE. UU.

JOSÉ MANUEL LÓPEZ DE ABIADA, HANS-JÖRG NEUSCHÄFER y AUGUSTA LÓPEZ BERNASOCCHI (Editores):
Entre el ocio y el negocio: Industria editorial y literatura en la España de los 90.

ROBERTO GONZÁLEZ ECHEVARRÍA:
La voz de los maestros. Escritura y autoridad en la literatura latinoamericana contemporánea.

WILLIAM LUIS:
Lunes de Revolución. Literatura y cultura en los primeros años de la Revolución Cubana.

ROLF EBERENZ (Editor):
Diálogo y oralidad en la narrativa hispánica moderna.

NILO PALENZUELA:
El Hijo Pródigo y los exiliados españoles.

LUIS SÁINZ DE MEDRANO (Coordinador):
Antología de la literatura hispanoamericana (Vol. I).

ISABEL GARCÍA-MONTÓN:
Viaje a la modernidad: la visión de los EE.UU. en la España finisecular.

ADRIANA MÉNDEZ RODENAS:
Cuba en su imagen: Historia e identidad en la literatura cubana.

LUIS PUELLES ROMERO:
La estética de Gaston Bachelard. Una filosofía de la imaginación creadora.

RICARDO LOBATO MORCHÓN:
El teatro del absurdo en Cuba (1948-1968).

JOSÉ LEZAMA LIMA:
Poesía y prosa. Antología.

ENRIQUE PÉREZ-CISNEROS:
El reformismo español en Cuba.

ANTONIO LASTRA (Editor):
La filosofía y el cine.

VIRGILIO LÓPEZ LEMUS:
Eros y Thanatos: La obra poética de Justo Jorge Padrón.

ANTONIO ROMÍNGUEZ REY:
Limos del verbo (José Ángel Valente).

RUTH A. COTTÓ (Editora):
La mujer puertorriqueña en su contexto literario y social.

LUIS T. GONZÁLEZ DEL VALLE:
La canonización del Diablo. Baudelaire y la estética moderna en España.

PEDRO M. HURTADO VALERO:
Eduardo Benot: Una aventura gramatical.

IRENE ANDRES-SUÁREZ, MARCO KUNZ E INÉS D'ORS:
La inmigración en la literatura española contemporánea.

ARMANDO LÓPEZ CASTRO:
Luis Cernuda en su sombra.

LEOPOLDO FORNÉS:
Cuba. Cronología.

JOSÉ SANTIAGO FERNÁNDEZ VÁZQUEZ:
Reescrituras postcoloniales del *Bildungsroman.*

MODESTA SUÁREZ:
Espacio pictórico y espacio poético en la obra de Blanca Varela.

REYES E. FLORES:
Onetti: Tres personajes y un autor.